职业教育国家在线精品课程配套教材

职业院校"十四五"规划餐饮类专业创新技能型人才培养
新形态一体化系列教材

总主编 • 杨铭铎

中式面点工艺实训 （活页式）

主　编　蒋　彦　邢文君

副主编　周国银　隋雪超　王彩云　阳元妹

参　编　（按姓氏笔画排序）

王珊珊　兰　锦　孙文颖　麦明隆　李　爽　杨　娇

杨子健　余正权　张　虎　张皓亮　陈　杰　陈建红

郑凤仙　姚恒喆　谌　星　蒋陈敏思　蓝钟斌　零　焕

行业企业参编（按姓氏笔画排序）

计　陆　付岳峰　何华山　修文成

华中科技大学出版社
http://press.hust.edu.cn
中国 • 武汉

内容简介

本书是职业院校"十四五"规划餐饮类专业创新技能型人才培养新形态一体化系列教材。

本书根据任务类别确定了六个项目，项目一为水调面团品种实训，项目二为膨松面团品种实训，项目三为油酥面团品种实训，项目四为米制品面团品种实训，项目五为杂粮及其他面团品种实训，项目六为创新面点品种实训。

本书不仅适用于餐饮类职业院校学生，同时可用于职业技能等级培训和餐饮类企业培训。

图书在版编目（CIP）数据

中式面点工艺实训：活页式 / 蒋彦, 邢文君主编.—武汉：华中科技大学出版社, 2024.1（2025.8重印）
ISBN 978-7-5772-0257-0

Ⅰ.①中⋯　Ⅱ.①蒋⋯　②邢⋯　Ⅲ.①面食–制作–中国–高等职业教育–教材　Ⅳ.①TS972.132

中国国家版本馆CIP数据核字(2024)第021623号

中式面点工艺实训（活页式）　　　　　　　　　　　　　　　　　　　蒋　彦　邢文君　主编
Zhongshi Miandian Gongyi Shixun (Huoyeshi)

策划编辑：汪飒婷
责任编辑：李艳艳
封面设计：金　金
责任校对：李　弋
责任监印：周治超
出版发行：华中科技大学出版社（中国·武汉）　　　电话：（027）81321913
地　　址：武汉市东湖新技术开发区华工科技园　　　邮编：430223
录　　排：华中科技大学惠友文印中心
印　　刷：武汉科源印刷设计有限公司
开　　本：889 mm × 1194 mm　1/16
印　　张：11
字　　数：262千字
版　　次：2025年8月第1版 第2次印刷
定　　价：49.80元

职业院校"十四五"规划餐饮类专业创新技能型
人才培养新形态一体化系列教材

丛 书 编 审 委 员 会

主 任

杨铭铎　教育部职业教育专家组成员、全国餐饮职业教育教学指导委员会副主任委员、中国烹饪协会特邀副会长

委员（按姓氏笔画排序）

王　劲　常州旅游商贸高等职业技术学校校长
田安国　黄冈职业技术学院商学院院长
冯才敏　顺德职业技术学院烹饪学院院长
冯奕东　广西商业技师学院院长
吕新河　南京旅游职业学院烹饪与营养学院院长
刘玉强　辽宁现代服务职业技术学院院长
刘俊新　青岛酒店管理职业技术学院烹饪学院院长
刘雪峰　山东城市服务职业学院中餐学院院长
许映花　广东省外语艺术职业学院餐饮旅游学院院长
苏爱国　江苏旅游职业学院副校长
李　伟　重庆商务职业学院烹饪与继续教育学院党总支书记
李　鑫　浙江商业职业技术学院旅游烹饪学院副院长
杨　洁　酒泉职业技术学院教务处处长兼旅游与烹饪学院党支部书记、院长
吴　非　黑龙江旅游职业技术学院餐饮管理学院院长
张　江　广东文艺职业学院烹饪与营养学院党总支书记、院长
邵志明　上海旅游高等专科学校酒店与烹饪学院副院长
武国栋　内蒙古商贸职业学院餐饮食品系副主任
赵　娟　山西旅游职业学院副院长
侯邦云　云南能源职业技术学院现代服务产业学院院长
俞　彤　河源职业技术学院工商管理学院院长
姜　旗　兰州现代职业学院财经商贸学院院长
柴　林　浙江农业商贸职业学院旅游烹饪系主任
高小芹　三峡旅游职业技术学院酒店烹饪学院院长
高敬严　长垣烹饪职业技术学院烹饪工艺与营养学院院长
崔德明　长沙商贸旅游职业技术学院党委副书记、校长
屠瑞旭　南宁职业技术学院健康与旅游学院党委书记、院长
韩昕葵　云南旅游职业学院烹饪学院院长
魏　凯　山东旅游职业学院副院长

加强餐饮教材建设，提高人才培养质量

餐饮业是第三产业的重要组成部分，改革开放 40 多年来，随着人们生活水平的提高，作为传统服务性行业，餐饮业在刺激消费、推动经济增长方面发挥了重要作用，在扩大内需、繁荣市场、吸纳就业和提高人们生活质量等方面都做出了积极贡献。就经济贡献而言，2022 年，全国餐饮收入 43941 亿元，占社会消费品零售总额的 10.0%。全国餐饮收入增速、限额以上单位餐饮收入增速分别相较上一年下降 24.9%、29.4%，较社会消费品零售总额增幅低 6.1%。2022 年餐饮市场经受了新冠肺炎疫情的冲击、国内经济下行等多重考验，充分展现了餐饮经济韧性强、潜力大、活力足等特点。虽面对多种不利因素，但各大餐饮企业仍然通过多种方式积极开展自救，相关政策也在支持餐饮业复苏。目前餐饮消费逐渐复苏回暖，消费市场已初现曙光。党的二十大指出为全面建设社会主义现代化国家、全面推进中华民族伟大复兴而团结奋斗，作为人民基本需求的饮食生活，餐饮业的发展与否，不仅关系到能否在扩内需、促消费、稳增长、惠民生方面发挥市场主体的重要作用，而且关系到能否满足人民对美好生活的需求。

一个产业的发展离不开人才支撑。科教兴国、人才强国是我国发展的关键战略。餐饮业的发展同样需要科教兴业、人才强业。经过 60 多年，特别是改革开放后 40 多年的发展，目前餐饮烹饪教育在办学层次上形成了中等职业学校、高等职业学校、本科（职业本科和职业技术师范本科）、硕士、博士五个办学层次，在办学类型上形成了烹饪职业技术教育、烹饪职业技术师范教育、烹饪学科教育三个办学类型，在举办学校上形成了中等职业学校、高等职业学校、高等师范院校、普通高等学校的办学格局。

我曾经在拙著《烹饪教育研究新论》后记中写道：如果说我在餐饮烹饪领域有所收获的话，有一个坚守（30 多年一直坚守在餐饮烹饪教育领域）值得欣慰，有两个选择（一是选择了教师职业，二是选择了餐饮烹饪专业）值得庆幸，有三个平台（学校的平台、教育部平台、非政府组织（NGO）——行业协会平台）值得感谢。可以说，"一个坚守，两个选择，三个平台"是我在餐饮烹饪领域有所收获的基础和前提。

我从行政岗位退下来后，时间充裕了，就更加关注餐饮烹饪教育，探讨餐饮烹饪教育的内在发展规律，并关注不同层次餐饮烹饪教育的教材建设，特别感谢华中科技大学出版社给了我一个新的平台。在这个平台，一方面我出版了专著《烹饪教育研究新论》，把 30 多年的教学和科研经验及体会呈现给餐饮烹饪教育界；另一方面我与出版社共同承担了 2018 年在全国餐饮职业教育教学指导委员会立项的重点课题"基于烹饪专业人才培养目标的中高职课程体系与教材开发研究"（CYHZWZD201810）。该课题以培养目标为切入点，明晰烹饪专业人才的培养规格；以职业技能为结合点，确保烹饪人才与社会职业的有效对接；以课程体系为关键点，通过课程

结构与课程标准精准实现培养目标；以教材开发为落脚点，开发教学过程与生产过程对接、中高职衔接的两套烹饪专业课程系列教材。这一课题的创新点在于研究与编写相结合，中职与高职同步，学生用教材与教师用参考书相联系。编写出的中职、高职烹饪专业系列教材，解决了烹饪专业理论课程与职业技能课程脱节，专业理论课程设置重复，烹饪技能课程交叉，职业技能倒挂，中职、高职教材内容拉不开差距等问题，是国务院《国家职业教育改革实施方案》完善教育教学相关标准中"持续更新并推进专业目录、专业教学标准、课程标准、顶岗实习标准、实训条件建设标准（仪器设备配备规范）建设和在职业院校落地实施"这一要求在餐饮烹饪职业教育落实的具体举措。《烹饪教育研究新论》和重点课题均获中餐科技进步奖一等奖。基于此，时任中国烹饪协会会长、全国餐饮职业教育教学指导委员会主任委员姜俊贤先生向全国餐饮烹饪院校和餐饮行业推荐这两套烹饪专业教材。

进入新时代，我国职业教育受到了国家层面前所未有的高度重视。在习近平总书记关于职业教育的系列重要讲话指引下，国家出台了系列政策，国务院《国家职业教育改革实施方案》（简称职教20条），中共中央办公厅、国务院办公厅《关于推动现代职业教育高质量发展的意见》（简称职教22条），中共中央办公厅、国务院办公厅《关于深化现代职业教育体系建设改革的意见》（简称职教14条），以及新的《中华人民共和国职业教育法》颁布后，职业教育出现了大发展的良好局面。

在此背景下，餐饮烹饪职业教育也取得了令人瞩目的进展，其中从2021年3月教育部印发的《职业教育专业目录（2021年）》到2022年9月教育部发布的《职业教育专业简介》（2022年修订），为餐饮类专业提供了基本信息与人才培养核心要素的标准文本，对于落实立德树人的根本任务，规范餐饮烹饪职业院校教育教学、深化育人模式改革、提高人才培养质量等具有重要基础性意义，同时为餐饮烹饪职业教育的发展提供了良好的契机。

新目录、新简介、新教学标准，必然要有配套的新课程、新教材。国家在教学改革方面反复强调"三教"改革。当前，以职业教育教师、教材、教法为主的"三教"改革进入落实攻坚阶段，成为推进职业教育高质量发展的重要抓手。教材建设是其中一个重要的方面，国家对教材建设提出"制定高职教育教材标准""开发教材信息化资源"和"及时动态更新教材内容"三个核心要求。

进入新时代，适应新形势，达到高标准，我们启动新一批教材的开发工作。它包括但不限于新版专业目录下的第一批中高职教材（2018年以来）的提档升级，新开设的职业本科烹饪与餐饮管理专业教材的编写，相关省、市、地方特色系列教材以及服务于餐饮行业和饮食文化等方面教材的编写。与第一批教材建设相同，第二批教材建设也是作为一个体系来推进的。

一是以平台为依托。教材开发的最终平台是出版机构。华中科技大学出版社（简称"华中出版"）创建于1980年，是教育部直属综合性重点大学出版社，建社40多年来，秉承"超越传统出版，影响未来文化"的发展理念，打造了一支专业化的出版人才队伍和具备现代企业管理能力的职业化管理团队。在教材的出版上拥有丰富的经验，每年出版图书近3000种，服务全国大中专院校的教材建设。该社于2018年全方位启动餐饮类专业教材的策划和出版，已有中职、高职专科、本科三个层次若干种教材问世，并取得了令人瞩目的成绩。目前该社已有餐饮类"十三五"职业教育国家规划教材1种，"十四五"职业教育国家规划教材7种，"十四五"

职业教育省级规划教材4种。特别令人欣慰的是，编辑团队已经不再囿于传统方式编写和推销教材，而是从国家宏观层面把握教材，到中观层面研究餐饮教育规律，最后从微观层面使教材编写与出版落地，服务于"三教"改革。

二是以团队为根本。不同层次、不同课程的教材要服务于全国餐饮相关专业，其教材开发者（编著者）应来自全国各地的院校、教学研究机构和行业企业，具有代表性；领衔者应是这一领域有影响力的专家，具有权威性；同时考虑编写队伍专业、职称、年龄、学校、行业企业、研究部门的结构，最终通过教材建设，形成跨地区、跨界的某一领域的编写团队，达到建设学术共同体的目的。

三是以项目为载体。编写工作项目化，教材建设不是就编而编，而是应该将其与科研、教研项目有机结合起来，例如，高职本科"烹饪与餐饮管理"专业系列教材就是在哈尔滨商业大学承担的第二批国家级职业教育教师教学创新团队（烹饪与餐饮管理专业）与课题研究项目的基础上开展的。高职"餐饮智能管理"专业系列教材是基于长沙商贸旅游职业技术学院承担的第二批国家级职业教育教师教学创新团队（"餐饮智能管理"专业）和上述哈尔滨商业大学课题研究项目的子课题。还有全国、各省（自治区、直辖市）成立的餐饮烹饪专业联盟、餐饮（烹饪）职教集团、共同体的立项，一些地区教育行政部门、教育研究部门、行业协会以及学校自身等的立项，达到"问题即是课题，课题解决问题"的目的。

四是以成果为目标。从需求导向、问题导向再到成果导向，这是教材开发的原则，教材开发不是孤立的，故成果是成系列的。在国家政策、方针指引下，国家层面的专业目录、专业简介框架下，形成专业教学标准、具有地方和院校特色的人才培养方案、课程标准、教学模式和方法。形成成果的内容如下：确定了中职、高职专科、本科各层次培养目标与规格；确定了教材中体现人才培养的中职技术技能、高职专科高层次技术技能、本科高素质技术技能三个层次的形式；形成了与教材相适应的项目式、任务式、案例式、行动导向、工作过程系统化、理实一体化、实验调查式、模拟式、导学式等教学模式。成果的形式应体现教材的新形态，如工作手册式、活页式、纸数融合、融媒体，特别是要吸收VR、AR，可视化、智能化、数字化技术。这些成果既可以作为课题的一部分，也可以作为论文、研究报告等单项独立的成果，最后都能物化到教材中。

五是以共享为机制。在华中出版的平台上，以教材开发为抓手，通过组成全国性的开发团队，在项目实施中通过对教育教学开展系列研究，把握具有特色的餐饮烹饪教育规律，形成共享机制，一方面提升教材开发团队每一位参与者的综合素质，加强团队建设；另一方面新形态一体化教材具有科学性、先进性、实用性，应用于教学能大大提高餐饮烹饪人才培养质量，做到教材开发中所形成的一系列成果被教材开发者、使用者等所有相关者共享。

党的二十大报告指出，统筹职业教育、高等教育、继续教育协同创新，推进职普融通、产教融合、科教融汇，优化职业教育类型定位。中共中央办公厅、国务院办公厅《关于深化现代职业教育体系建设改革的意见》提出了"一体、两翼、五重点"，"一体"是探索省域现代职业教育建设新模式；"两翼"是打造市域产教融合体，打造行业产教融合共同体；"五重点"包括提升职业学校关键办学能力、加强"双师型"教师队伍建设、建设开放型区域产教融合实践中心、拓宽学生成长成才通道、创新国际交流与合作机制。其中重点提出要打造"四个核心"，即打造职业教育核心课程、核心教材、核心实践项目、核心师资团队。这为我们在餐饮烹饪职业教育上发力指明了方向。

随着经济社会的快速发展，餐饮业必将迎来更加繁荣的时代。为满足日益发展的餐饮业需求，提升餐饮烹饪人才培养质量，我们期待全国餐饮烹饪教育工作者紧密合作，与餐饮企业家、行业专家共同推动餐饮业的快速发展。让我们携手，共同推动餐饮烹饪教育和餐饮业的发展，为建设一个富强、民主、文明、和谐、美丽的社会主义现代化强国贡献力量。

博士，教授，博士生导师
哈尔滨商业大学中式快餐研究发展中心博士后科研基地主任
哈尔滨商业大学党委原副书记、副校长
全国餐饮职业教育教学指导委员会副主任委员
中国烹饪协会餐饮教育工作委员会主席

本教材以新时代中国特色社会主义思想为指导，深入贯彻党的二十大精神，坚持立德树人、产教融合、科教融汇；依据国家职业技能标准及技能人才培养标准，以综合职业能力培养为目标，将工作过程和学习过程融为一体，以新发展理念为指导，树立科学的教学观，以教学改革为核心，以教学基本建设为重点，大力推动"三教"改革，运用现代信息技术更新教材，改进教法，将人才培养与市场需求相对接，坚持面向实践、强化能力、弘扬工匠精神，使学生具备团队合作、交流沟通、创新能力等良好的职业素养，培养面向餐饮类型行业、企业，适应中式面点师及相关工种和岗位群工作的学生，深化"三教"改革，不断提升学生综合职业能力，为现代餐饮行业培养更多高素质技术技能人才、能工巧匠、大国工匠。

本教材的设计理念与特色如下。

一、以"三教"改革为引领，岗课赛证创融通

为落实《国家职业教育改革实施方案》要求，深化"三教"改革，推进成果输出，长沙商贸旅游职业技术学院斩获过全国职业院校技能大赛教师教学能力比赛一等奖的"餐旅会专业群"中式面点工艺课程教研团队，完成了湖南省教育厅教研课题"基于'四阶六步'教学模式下的中式面点工艺活页式教材的研究与开发"的结题，并在此基础上确立了教材以立德树人、项目导学、岗课赛证融通为构建框架，以培养创新型、复合型技术技能人才。将课程与岗位典型工作任务、职业技能竞赛、职业等级证书、创新创业能力等进行多维度融合，体现岗、课、赛、证、创融通的教学理念。遵循学生职业能力的发展规律，在十余年研究与实践的基础上，长沙商贸旅游职业技术学院中式面点工艺课程教研团队联合国内多所职业院校的优势师资及企业，合作开发了本教材。

二、以实训任务为载体，赏教论精评拓融通

针对现代餐饮业的新工艺、新技术、新标准等，本教材更新与优化了大量数字化资源，联合青岛酒店管理职业技术学院国家级精品在线开放课程"中式面点制作工艺"，并将竞赛标准、教学案例、实训微课等教学内容以文字、视频、PPT等多种形式供学生扫码学习。本教材不仅适用于餐饮类职业院校学生，同时可用于职业技能等级培训和餐饮类企业培训。根据中式面点师的典型职业活动，以实训任务为载体，确定了35个实训任务，根据任务类别确定了六个项目，项目一为水调面团品种实训，包含6个实训任务；项目二为膨松面团品种实训，包含6个实训任务；项目三为油酥面团品种实训，包含7个实训任务；项目四为米制品面团品种实训，包含6个实训任务；项目五为杂粮及其他面团品种实训，包含7个实训任务；项目六为创新面点品种实训，包含 3 个实训任务。项目内容包括总体实训目标、实训项目概览、项目素质目标一览表、实训任务一览表等模块，突出目标导向。任务内容包括课前学习资源与准备、实训任务简介、实训任务目标、实训备料参考、实训成品特点、实训工艺流程、实训任务检测与拓展思考、评价指标参考及实训报告，对应赏、教、论、精、评、拓，教学与学习流程同时体现岗位工作过程。

三、以匠心为基、素养养成为主线，突出素质目标

本教材结合教学的递进逻辑，深度挖掘凸显优秀传统文化的素质目标体系，以匠心为基、素养养成为主线，将儒家思想"志于道，据于德，依于仁，游于艺"与习近平总书记在全国教育大会上强调的"六个下功夫"相结合，根据人力资源和社会保障部颁布的国家职业技能标准中对中式面点师职业岗位的要求，创新构建课程素质目标体系，助力学生成长为德智体美劳全面发展的高素质、技能型餐饮职业人。课程素质目标体系图如下所示。

四、突出数字化资源优势，确保时效性

本教材数字化资源是依托国家级精品在线开放课程"中式面点制作工艺"与省级精品在线开放课程"中式面点工艺"开发的，教材编写团队成员有国家级、省级精品在线开放课程负责人，中式面点文化传承人，全国技术能手等优秀师资，具备引入国家级精品在线开放课程资源、省级精品在线开放课程资源、行企业优质数字化资源的优势，并以此次教材编写活动为契机，组建中式面点工艺课程虚拟教学团队，展开研讨与集体备课，根据新工艺、新技术、新标准及时更新与优化数字化资源，以解决职业院校教材建设存在的时效性较差等问题。

五、创新教与学，提升学生的综合实践能力

本教材设置的实训任务以及拓展资源充分融合岗、课、赛、证、创理念，全面提升学生的综合实践能力，激发学生的创新意识。本教材的各个实训任务为一个独立的实训品种，内容编排对应的教学逻辑遵循赏、教、论、精、评、拓的教学流程主线，贯穿课前、课中、课后。赏：确定课前学习目标，引导学生结合课前测试进行资源赏析，老师通过课前测试预判学情。教：课中的资源大多数用时短，并能直接体现实训任务的工艺配方与技术关键，以增强老师课堂教学的效率。论：每个任务课中设计了讨论题，老师可以小组探究的形式，在教学时可以安排课中小组分享。精：精化实训品种工艺与配方，将工艺流程与图片和文字相结合，结合视频资源，助力学生精进技能。评：课后完成课后测试、顾客反馈、实训报告等，鼓励进行全程、立体、多元的评价。拓：每个任务均有拓展思考或拓展资源，鼓励学生主动思考与创新。

本教材编写团队实力雄厚，编者均参与"中式面点工艺实训"课程授课，并取得多项技能

大赛奖项，拥有多年的中式面点一线工作经验和丰富的国内外企业实践经历，均有主持与参加活页式教材开发与研究的项目及新课程的开发与实施。

本教材由长沙商贸旅游职业技术学院蒋彦担任第一主编，负责全书框架的整体设计并负责组织项目一的整体编撰。由青岛酒店管理职业技术学院邢文君担任第二主编，辅助全书框架的整体设计及数字资源建设，并负责组织项目二的整体编撰。青岛市技师学院隋雪超担任副主编，负责组织项目三的整体编撰。南宁职业技术学院阳元妹担任副主编，负责组织项目四的整体编撰。广西农牧工程学校王彩云担任副主编，负责组织项目五的整体编撰。长沙商贸旅游职业技术学院周国银担任副主编，负责组织项目六的整体编撰。教材中课程素质目标研究与体系梳理主要由长沙商贸旅游职业技术学院谌星与杨子健负责。项目一中的实训任务2、实训任务3、实训任务6由长沙商贸旅游职业技术学院张皓亮、李爽、陈杰编写，实训任务4由江苏旅游职业学院兰锦编写，实训任务5由广东省外语艺术职业学院麦明隆编写，浙江商业职业技术学院陈建红参与项目一审核与资源提交。项目二中的案例导入和任务简介由青岛酒店管理职业技术学院孙文颖编写，北京市工贸技师学院张虎提供部分视频资源，并对项目内容提供专业指导意见。青岛酒店管理职业技术学院王珊珊负责本项目品种的课堂实践问题反馈。项目三中的案例导入和实训任务简介由青岛酒店管理职业技术学院姚恒喆编写，并对项目内容提供专业指导意见。项目四实训任务1至实训任务4由南宁职业技术学院阳元妹编写，项目四视频资源的制作和整合以及实训任务5的编写由南宁职业技术学院零焕完成，广西水产畜牧学校余正权对项目四的素质目标脉络进行梳理并提出指导意见，同时负责实训任务6的编写。项目五实训任务1、实训任务3和实训任务6由平南县中等职业技术学校杨娇编写，实训任务2和实训任务5由广西农牧工程学校郑凤仙编写，实训任务4、实训任务7由广西农牧工程学校王彩云编写。项目六实训任务1由长沙商贸旅游职业技术学院周国银编写，实训任务2由株洲市南洋职业技术学校蓝钟斌编写，实训任务3由湖南潇湘技师学院蒋陈敏思编写。行业企业大师广西民邦餐饮管理有限公司计陆、青岛东方饭店有限公司付岳峰、湖南延年酒店有限公司何华山、中国资深烹饪大师修文成参与了教学资源的制作与教材审核。

本教材在编写过程中，得到了杨铭铎教授的大力支持与科学指导，得益于华中科技大学出版社汪飒婷编辑的精心统筹与安排，得到了包括参编院校在内的餐饮类院校、行业、企业的大力协助，有效保证了教材的专业性、实用性、先进性，在此一并表示衷心的感谢。

鉴于编者水平、编写时间有限，书中遗漏和欠妥之处在所难免，真诚希望广大读者批评指正，以便修订完善。

编　者

项目一
水调面团品种实训

一、总体实训目标

（一）素质目标

（1）树立文化自信，具有职业理想。

（2）具备信息化素养和创新意识。

（二）知识目标

（1）了解中国传统水调面团品种的饮食文化。

（2）熟悉水调面团品种的工艺流程。

（三）能力目标

（1）能够制作饺子、烧卖、锅贴、春卷等。

（2）能够根据具体客情改良品种工艺。

二、实训项目概览

水调面团是指将面粉、水与鸡蛋等原料直接拌和，揉搓而成的面团。根据调制时所用水温的不同，水调面团可分为3种：冷水面团、温水面团和开水面团。

类　别	水　温	面 团 特 点	代 表 品 种
冷水面团	30 ℃以下	具有良好的可塑性和延伸性，熟制后爽滑、筋道	面条、水饺、春卷、馄饨
温水面团	50 ℃左右	具有一定的筋力，淀粉部分糊化，吸水性增强，且具有柔软的特性	四喜饺、白菜饺、锅贴、葱油饼
开水面团	80 ℃以上	筋力小，韧性差，可塑性强，淀粉完全糊化	烧卖、牛角饺、水晶虾饺、炸糖糕

三、项目素质目标一览表

序号	品　　种	关键素质目标	关键词与句
1	水饺制作	家国情怀	舍小家，顾大家
2	面条制作	社会责任	藏粮于地，藏粮于技
3	烧卖制作	意志品格	精益求精，锲而不舍
4	蒸饺制作	理想塑造	厚德敬业，求精图强
5	水晶虾饺制作	价值取向	崇尚自然，热爱生活
6	炸糖糕制作	食品安全意识	民以食为天，食以安为先

四、实训任务一览表

类　　别	实训内容	适应职业技能等级考核	适合技能竞赛
冷水面团	水饺制作	**初** / 中 / 高	
	面条制作	**初** / 中 / 高	
温水面团	烧卖制作	**初** / 中 / 高	
开水面团	蒸饺制作	初 / **中** / 高	√
	水晶虾饺制作	初 / 中 / **高**	√
	炸糖糕制作	**初** / 中 / 高	

实训任务 1　水饺制作

一、课前学习资源与准备

课前学习目标		1. 了解古代饺子的别称。 2. 了解饺子的考古发掘历史。 3. 能够讲解不同饺子馅料的寓意
课前资源推荐	线上课程	1. 智慧职教平台《中式面点工艺》。 2. 智慧树平台《中式面点制作工艺》
	资料查阅	1. 选读《中国人的美食——饺子》（赵建民）。 2. 使用万方数据知识服务平台、中国知网等检索相关的关键词，辅助查阅资料
	视听资料	1. 吉林卫视《好久不见》与四平市消防救援支队联合制作的母亲节特别节目中代表妈妈的味道的饺子。 2. 通过视听平台搜索相关视频
案例导入		**妈妈的味道** 　　家是最小国，国是千万家。在中华民族的伟大复兴与繁荣富强的道路上，需要中国人民共同努力。一代人有一代人的坚守，一代人有一代人的使命。在吉林省四平市有一位远离家乡的基层消防战士（于彦军），在入伍后的 27 年荣光里，在时刻面对血与火的洗礼工作中，错过了父亲的最后一面，也错过了孩子降临的瞬间。2021 年母亲节来临之际，在工作人员的帮助下，妈妈杜桂兰（75 岁）拖着羸弱的身体远行千里奔赴四平市，为这位战士做了一顿热乎乎的饺子。在餐桌上，面对"妈妈牌"的饺子时，一位顶天立地的战士也忍不住激动得泪流满面……
课前检测		扫描边栏二维码，进行课前测试
课前思考与疑问		

Note

二、实训任务简介

水饺，作为日常饮食中不可或缺的食物，具有悠久的历史与文化。同时，作为民俗食品，也是构成富有地方文化特色的乡土饮食风味的要素，还作为礼仪食品，屡屡出现在民众生活的节令岁时、人生重要仪式及社会交际等多种重要场合，成为承担或蕴涵多种吉祥寓意的载体。此实训任务以水饺为重点，要求学生在掌握制作方法和操作关键的同时，能够根据地方特色与不同的客情进行工艺优化与改良。

三、实训任务目标

❶ 素质目标 ①树立中国饮食文化自信。②通过品种改良设计培养创新意识。

❷ 知识目标 ①了解水饺的历史文化。②熟悉水饺的制作工艺。

❸ 能力目标 ①能够完成水饺的制作。②能够根据地方特色进行水饺面皮与馅心工艺的优化与改良。

> **随堂讨论：** 学生在食堂准备第二天早上需要的猪肉白菜馅，为了方便快捷，当晚就把大白菜末加入肉泥中。老师马上提出这样不合适，请问为什么？应该怎样改进？

四、实训备料参考

	用料参考（建议20个）	用量参考 /g
面团	面粉（中筋面粉）	200
	冷水	90 ± 10
馅料	肉馅	100
	白菜	100
	葱、姜	20
调味品	鸡精、味精、胡椒粉、盐、酱油等	适量

五、实训成品特点

成品皮薄馅大，面皮筋道，馅心鲜嫩多汁。

六、实训工艺流程

1. 白菜切碎，姜、葱切粒。

2. 白菜用盐腌渍后脱水处理。

3. 肉馅用葱、姜、盐、胡椒粉等调味。

4. 面粉中加入大约 100 g 冷水和面。

5. 揉至面团光滑并醒发。

6. 搓条下剂，擀成直径为 7 ~ 8 cm 的面皮。

7. 调味后的肉馅加入脱水后的白菜。

8. 用双手虎口将饺子包捏成型。

9. 将包好的饺子煮至成熟。

行业新工艺

了解冷链技术在水饺批量化生产与储存中的应用。

七、实训任务检测与拓展思考

1. 通过调研，分析各地水饺蘸碟有什么不同。

2. 在酒店餐饮中如何优化操作工艺以提高水饺批量生产效率？

3. 查阅冷链技术相关资料，简述冷链技术在水饺生产中的应用。

4. 饺子和面条的面团调制工艺有什么不同？

课后测试

八、评价指标参考

❶ 过程评价 过程评价参考《全国职业院校技能大赛赛项规程》烹饪赛项规程（GZ082）。

项 目		技 术 要 求	分值	得分
职业素养 （20分）	着装规范	穿戴干净整洁的工作服、围裙、厨师帽	10	
	操作卫生	实训卫生达标，操作台面整洁，工具摆放规范有序	10	
品种要求 （60分）	口味质感	调味得当，口味鲜香，主味突出，无异味	20	
	规格要求	水饺皮大小、厚薄均匀，生坯美观大方、大小一致	20	
	成品口感	成品皮薄馅大，鲜嫩多汁	20	
其他要求 （20分）	物料处理	节约原料，物尽其用	10	
	操作时间	在规定的时间内，规范操作，保质保量完成实训操作	10	
➤ 建议采取自评、互评、老师评价方式，并结合行业、企业评价			总分	

❷ 顾客评价 请顾客填写体验评价表。

请选择您的满意指数 （请在 □ 内画 √）	★★★★★ 非常满意	★★★★ 满意	★★★ 一般	★★ 不满意
水饺大小一致、形态美观	□	□	□	□
水饺皮薄馅大、面皮筋道	□	□	□	□
水饺馅心调味得当、口味鲜香、鲜香多汁	□	□	□	□
水饺装盘美观、大方、干净	□	□	□	□
• 您是否愿意再次选购此产品？	是 □		否 □	
• 您是否愿意把此产品推荐给您的朋友？	是 □		否 □	
• 本产品令您满意的地方				
• 本产品您认为不足的地方				
• 本产品按照每份8个，您能接受的价格是　8元/份 □　10元/份 □　12元/份 □　16元/份 □				
顾客的意见和建议：				

学习提示：本教材每个任务实施后可酌情安排完成实训报告，详见附录。

实训任务 2　面条制作

教学资源

一、课前学习资源与准备

课前学习目标	1. 了解面条的"前世今生"。 2. 了解面条的考古发掘历史。 3. 能够讲解不同面条的寓意及制作方法	
课前资源推荐	线上课程	1. 智慧职教平台《中式面点工艺》。 2. 智慧树平台《中式面点制作工艺》
	资料查阅	使用万方数据知识服务平台、中国知网等检索相关的关键词,辅助查阅资料
	视听资料	1. 央广网《中国人要把饭碗端在自己手里》。 2. 通过视听平台搜索相关视频
案例导入	**人生一碗面** 　　每个人的记忆中都有一碗面,那是一碗承载了乡愁的面,是我们与家乡难分难舍的滋味。每个城市都有一碗属于自己的面条,一碗面,拉近了我们和这个城市的距离,是融入新生活的味道。 　　人生一碗面,丰俭由人,包罗万象,你愿清淡便清淡,你爱丰富便丰富。面条里缠绕着热气腾腾的人生,充盈着最朴素的情感,就像祖辈们流下的汗水,一点一滴浇灌在土地中,长出了粮食,揉成了面条,循环往复,生生不息。 　　面食在北方有着无法撼动的地位。齐鲁各地都有一款带有当地特色的面,清淡可口、油而不腻、外滑内筋、软而不黏……可当山珍海味,可当粗茶淡饭,吃的是一份手艺与传承,热情与眷恋	
课前检测	扫描边栏二维码,进行课前测试	
课前思考与疑问		

课前测试

Note

二、实训任务简介

面条是用谷物或豆类研磨成粉状，再加水和成面团，之后压或擀制成片再切，或者使用揉、拉、捏、挤等手法，制成条状（或窄或宽、或扁或圆）或小片状，最后经蒸、煮、炒、烩、炸而成的一种食品。

三、实训任务目标

❶ **素质目标** ①树立中国饮食文化自信。②通过品种改良设计培养创新意识。

❷ **知识目标** ①了解面条的历史文化。②熟悉面条的制作工艺。

❸ **能力目标** ①能够完成面条的制作。②能够根据地方特色进行面条品种和工艺的优化与改良。

> **随堂讨论：**蒋老师晚上收到徒弟的请教：徒弟在家里做一碗拉面，在抻面的时候发现面总是断，究竟是哪里出了问题？

四、实训备料参考

用料参考（建议2人量）		用量参考/g
面团	面粉（高筋面粉）	300
	冷水	150
调味品	盐	3
	拉面剂	4
	植物油	4

五、实训成品特点

成品筋道，柔韧绵长，粗细均匀，经久耐煮。

六、实训工艺流程

1. 原料准备好并称重，环境干净整洁。

2. 面粉开窝。

3. 加入盐 4 g、水 150 g。

4. 搅拌成絮状。

5. 揉至面团光滑并醒发。

6. 加入拉面剂，揉面。

7. 溜面。

8. 搓条，拉面。

9. 抻面 7 次使面条成型。

行业新工艺

了解实景操作步骤和技术分解。

七、实训任务检测与拓展思考

1. 通过调研，分析超市售卖的挂面和手工面条有什么不同。

2. 在酒店餐饮中如何提高面条出餐效率？

3. 结合目前餐饮的发展情况，说说预制面条如何保证口感？

4. 水饺和面条的面团调制工艺有什么不同？

课后测试

八、评价指标参考

❶ 过程评价　过程评价参考《全国职业院校技能大赛赛项规程》烹饪赛项规程（GZ082）。

项　　目		技 术 要 求	分值	得分
职业素养 （20分）	着装规范	穿戴干净整洁的工作服、围裙、厨师帽	10	
	操作卫生	实训卫生达标，操作台面整洁，工具摆放规范有序	10	
品种要求 （60分）	口味质感	调味得当，口味鲜香，主味突出，无异味	20	
	规格要求	面条粗细均匀，长度一致	20	
	成品口感	成品口感筋道，爽滑	20	
其他要求 （20分）	物料处理	节约原料，物尽其用	10	
	操作时间	在规定的时间内，规范操作，保质保量完成实训操作	10	
➤ 建议采取自评、互评、老师评价方式，并结合行业、企业评价			总分	

❷ 顾客评价　请顾客填写体验评价表。

请选择您的满意指数 （请在 □ 内画√）	★★★★★ 非常满意	★★★★ 满意	★★★ 一般	★★ 不满意
面条粗细一致、形态美观	□	□	□	□
面条口感筋道，爽滑	□	□	□	□
面条盖码口味适中	□	□	□	□
面条装盘美观、大方、干净	□	□	□	□
·您是否愿意再次选购此产品？	是 □		否 □	
·您是否愿意把此产品推荐给您的朋友？	是 □		否 □	
·本产品令您满意的地方				
·本产品您认为不足的地方				
·本产品按照每碗 2 两面条，您能接受的价格是	8 元 / 份 □　　10 元 / 份 □　　12 元 / 份 □　　16 元 / 份 □			

顾客的意见和建议：

实训任务 3　烧卖制作

一、课前学习资源与准备

教学资源

课前学习目标	1. 了解古代烧卖的别称。 2. 了解烧卖的考古发掘历史。 3. 能够讲解南北方烧卖的不同。 4. 了解烧卖批量生产的新工艺与新设备	
课前资源推荐	线上课程	1. 智慧职教平台《中式面点工艺》。 2. 智慧树平台《中式面点制作工艺》
	资料查阅	1. 选读《中华传统糕点图谱》（邱子峰）。 2. 使用万方数据知识服务平台、中国知网等检索相关的关键词，辅助查阅资料
	视听资料	1. 讲述某烧卖的品牌建立。 2. 通过视听平台搜索相关视频
案例导入	**精益求精的工匠精神** 　　所谓匠心，就是一生专注做一件事，初心不改，从一而终。我们的先辈秉持着这样的工匠精神，筑就了世界级的辉煌。 　　任何一个岗位都能够将事情做到极致。有着"面点泰斗"称号的何华山从事面点行业近 40 年，培养出了一批又一批湘点技能人才。精巧的手工是行走于白案的根本。谈到白案的求学之路，何华山说道："那段时间真的很辛苦，每天都只能睡几小时。"白案对"手性"要求十分高，其大小、厚薄、粗细都是学问。做面点需要一双好手，这是先天因素。此外，还需要有极高的悟性，必须对每道点心有独到的理解。技巧不是一朝一夕就能练成的，最重要的是要有恒心和锲而不舍的毅力	
课前检测	扫描边栏二维码，进行课前测试	
课前思考与疑问		

课前测试

Note

二、实训任务简介

　　烧卖，人们日常生活中常见的面食之一，在日常饮食中占有重要地位，其中湖南的菊花烧麦是目前市面上较受欢迎的品种之一。此实训任务以烧卖为重点，要求学生掌握制作方法和操作关键的同时，能够根据地方特色与不同的客情进行工艺优化与改良。

三、实训任务目标

　　❶ 素质目标　①树立中国饮食文化自信。②通过品种改良设计培养创新意识。

　　❷ 知识目标　①了解烧卖的历史文化。②熟悉烧卖的制作工艺。

　　❸ 能力目标　①能够完成烧卖的制作。②能够根据地方特色进行烧卖面皮与馅心工艺的优化。

> **随堂讨论：**蒋老师的学生在制作烧麦，为了快捷，在擀皮时，同时擀制 3 张面皮，在包制过程中将面皮轻轻一捏，就准备放入锅中进行蒸制。蒋老师马上提出这样不合适，请问为什么？应该怎么改进？

四、实训备料参考

	用料参考（建议20个）	用量参考 /g
面团	面粉（中筋面粉）	200
	温水	100 ± 10
馅料	猪油	30
	糯米	300
	葱、姜	20
	香菇丁	20
	肉丁	20
	笋丁	20
	玉米粒	20
调味品	鸡精、味精、胡椒粉、盐、酱油、黄酒等	适量

五、实训成品特点

　　成品形如菊花，晶莹剔透，馅多皮薄，清香可口。

六、实训工艺流程

1. 准备好提前用冷水泡好的糯米、馅料和调味品等。

2. 蒸糯米期间加工配料。

3. 猪油下锅熔化，放入葱姜煸香捞出，加入肉丁、笋丁、香菇丁翻炒，再加入黄酒、水及调味品适量炒熟，放入糯米饭翻炒，按需调整馅心口味。

4. 用擀面杖擀制面团得到所需面皮。

5. 放入糯米馅心，用馅挑压着馅心慢慢收口。

6. 上开水锅，大火蒸 8 min 即可出锅。

行业新工艺

了解冷链技术在烧卖批量化生产与储存中的应用。

七、实训任务检测与拓展思考

1. 通过调研，分析各地区烧卖有什么不同。

2. 在酒店餐饮中如何优化操作工艺以提高烧卖批量生产效率？

3. 查阅冷链技术相关资料，简述冷链技术在烧卖生产中的应用。

4. 烧卖和蒸饺的面团调制工艺有什么不同？

课后测试

八、评价指标参考

❶ 过程评价　过程评价参考《全国职业院校技能大赛赛项规程》烹饪赛项规程（GZ082）。

项　　目		技　术　要　求	分值	得分
职业素养 （20分）	着装规范	穿戴干净整洁的工作服、围裙、厨师帽	10	
	操作卫生	实训卫生达标，操作台面整洁，工具摆放规范有序	10	
品种要求 （60分）	口味质感	调味得当，口味鲜香，主味突出，无异味	20	
	规格要求	烧卖皮大小一致，中间厚四周薄，金钱底荷叶边	20	
	成品口感	成品皮薄馅大，鲜香多汁	20	
其他要求 （20分）	物料处理	节约原料，物尽其用	10	
	操作时间	在规定的时间内，规范操作，保质保量完成实训操作	10	
➤ 建议采取自评、互评、老师评价方式，并结合行业、企业评价			总分	

❷ 顾客评价　请顾客填写体验评价表。

请选择您的满意指数 （请在 □ 内画 √）	★★★★★	★★★★	★★★	★★
	非常满意	满意	一般	不满意
烧卖大小一致、形态美观	□	□	□	□
烧卖皮薄馅大、面皮筋道	□	□	□	□
烧卖馅心调味得当、鲜香多汁	□	□	□	□
烧卖装盘美观、大方、干净	□	□	□	□
• 您是否愿意再次选购此产品？	是 □		否 □	
• 您是否愿意把此产品推荐给您的朋友？	是 □		否 □	
• 本产品令您满意的地方				
• 本产品您认为不足的地方				
• 本产品按照每份 8 个，您能接受的价格是　8 元／份 □　10 元／份 □　12 元／份 □　16 元／份 □				
顾客的意见和建议：				

实训任务 4 蒸饺制作

一、课前学习资源与准备

课前学习目标	1. 了解水调面团的特点、分类、成团原理。 2. 掌握开水面团的调制方法及要领。 3. 熟悉蒸饺"月牙形"的包捏技巧	
课前资源推荐	线上课程	1. 智慧职教平台《中式面点工艺》。 2. 智慧树平台《中式面点制作工艺》
	资料查阅	查找《苏式面点制作工艺》（朱在勤）月牙蒸饺内容
	视听资料	1. 中央电视台科教频道《味道》之我的家乡菜·扬州篇（上）月牙蒸饺。 2. 通过视听平台搜索相关视频
案例导入	**从白案"小白"蜕变成白案精英** 倪秋香在15岁的时候，出于热爱踏上了厨艺之路，她觉得，最起码做厨师不会让自己和家人饿肚子。但是做红案哪有那么简单呢？手上没点力气，锅根本端不动，而这些问题并没有让她认输，从小吃苦耐劳的她一直坚持，直到遇到了一位贵人。这位贵人就是我们大家所熟知的中国烹饪协会名人堂尊师陈恩德。倪秋香说道："陈大师跟我说，你一个女孩子做红案，太吃力了。我那时不像现在这么壮，以前很瘦。陈大师问我，有没有考虑过改做白案啊？"陈大师的话，给倪秋香指明了新的方向。 倪秋香说道："那时候我把面团带到家里练习基本功，通过陈大师的指导，再加上自己的努力，进步非常明显。"陈大师对于倪秋香的成功，说道："干一行，爱一行，能吃苦，有悟性，肯钻研，最主要是要有职业道德。如果没有职业道德，难以成功。"	
课前检测	扫描边栏二维码，进行课前测试	
课前思考与疑问		

教学资源

课前测试

Note

15

二、实训任务简介

饺子是中华民族传统节日食品，是每年春节必吃的年节食品。相传蒸饺是在中国东汉医圣张仲景发明的饺子基础上演变而成的。中国南方地区普遍有蒸饺这一食品，广泛见于早茶中。蒸饺有各式各样的造型，制作手法精细，比较复杂，造型美观。此实训任务以蒸饺为重点，要求学生在掌握其月牙形制作方法和馅心操作关键的同时，能够根据地方特色与不同的客情进行工艺优化与改良。

三、实训任务目标

❶ **素质目标** ①培养学生团队协作能力。②通过品种制作，培养学生的实践能力与节俭意识。

❷ **知识目标** ①熟悉水打馅的调馅工艺。②掌握蒸饺的制作工艺。

❸ **能力目标** ①能够独立完成月牙形蒸饺的制作。②具备根据市场需求、季节的变化优化与改良面点制作的技能。

> **随堂讨论：** 蒸饺为什么要选用肥瘦适中的猪肉泥？另外，有的同学采用水打馅的方式调制馅料，为什么过一段时间出现"渗水"情况呢？

四、实训备料参考

用料参考（建议20个）		用量参考 /g
面团	面粉（中筋面粉）	200
	开水	110
馅料	猪肉泥	200
	葱、姜	10
调味品	鸡汤、料酒、胡椒粉、盐、白砂糖、酱油、老抽、香油等	适量

五、实训成品特点

成品形似月牙，皮薄馅多，口味咸中带甜。

六、实训工艺流程

1. 准备好所有原料。

2. 肉馅用料酒、盐、胡椒粉等调味品调味后分次加入鸡汤搅打上劲。

3. 加入香油即成生肉馅。

4. 用开水烫制面粉成团。

5. 将面絮揉成光滑面团并醒发。

6. 将面团搓成粗细一致的长条。

7. 下剂，每个剂子 20 g 左右。

8. 将剂子擀成中间厚、边缘薄、直径 9 cm 的饺子皮。

9. 包捏成月牙形蒸饺。

➡ 行业新工艺

了解皮冻的做法与应用。

七、实训任务检测与拓展思考

1. 通过查阅资料，了解各地蒸饺口味、特点的不同。

2. 通过查阅资料，说明不同蒸制时间对蒸饺口感的影响。

3. 巩固月牙形蒸饺包捏技法。

4. 行业中多采用掺冻的方式使蒸饺熟后鲜嫩多汁，请分析皮冻的制作要点。

课后测试

Note

八、评价指标参考

❶ 过程评价 过程评价参考《全国职业院校技能大赛赛项规程》烹饪赛项规程（GZ082）。

项　　目		技　术　要　求	分值	得分
职业素养 （20分）	着装规范	穿戴干净整洁的工作服、围裙、厨师帽	10	
	操作卫生	实训卫生达标，操作台面整洁，工具摆放规范有序	10	
品种要求 （60分）	口味质感	口味咸鲜醇厚，汤多味美，皮薄	20	
	规格要求	大小一致	20	
	色泽形态	月牙形，纹路清晰	20	
其他要求 （20分）	物料处理	节约原料，物尽其用	10	
	操作时间	在规定的时间内，规范操作，保质保量完成实训操作	10	
➤ 建议采取自评、互评、老师评价方式，并结合行业、企业评价			总分	

❷ 顾客评价 请顾客填写体验评价表。

请选择您的满意指数 （请在 □ 内画 √）	★★★★★ 非常满意	★★★★ 满意	★★★ 一般	★★ 不满意
蒸饺大小一致、形态美观	□	□	□	□
蒸饺皮薄馅大，面皮糯而不失嚼劲	□	□	□	□
蒸饺馅料调味得当、口味鲜香多汁	□	□	□	□
蒸饺装盘美观、大方、干净	□	□	□	□
• 您是否愿意再次选购此产品？	是 □		否 □	
• 您是否愿意把此产品推荐给您的朋友？	是 □		否 □	
• 本产品令您满意的地方				
• 本产品您认为不足的地方				
• 本产品按照每份 8 个，您能接受的价格是　8元/份□　10元/份□　12元/份□　16元/份□				
顾客的意见和建议：				

实训任务 5　水晶虾饺制作

一、课前学习资源与准备

课前学习目标	1. 了解水晶虾饺的"前世今生"。 2. 了解澄粉面团的概念和制作方法。 3. 掌握水晶虾饺皮的拍皮技巧和虾饺制作的包捏技术。 4. 了解水晶虾饺作为预制点心需要的新工艺与新设备	
课前资源推荐	线上课程	1. 智慧职教平台《中式面点工艺》。 2. 智慧树平台《中式面点制作工艺》
	资料查阅	1. 选读《粤点制作》（广东省餐饮技师协会组编）。 2. 使用万方数据知识服务平台、中国知网等检索相关的关键词，辅助查阅资料
	视听资料	通过视听平台搜索相关视频
案例导入	**广东早茶文化** 　　喝早茶和吃点心是广东人的饮食文化之一，日常不难见到街坊邻居结群上茶楼来个"一盅两件"后，才各自忙于生活。在众多点心中，最具盛名的当属"四大天王"——虾饺、干蒸烧卖、叉烧包和蛋挞，虾饺也被行内外公认为四大天王之首。薄皮鲜虾饺是广东的一道传统小吃，因为包好后形状酷似弯梳，又被称为弯梳饺。薄皮鲜虾饺采用澄粉面团制作饺皮，虾仁、猪肉、嫩竹笋等食材捣碎搅拌后做馅，包好后蒸制而成。薄皮鲜虾饺外皮白皙，呈半透明状，饺内馅料隐约可见，故命名水晶虾饺。咬一口软韧爽滑，味道鲜美香醇	
课前检测	扫描边栏二维码，进行课前测试	
课前思考与疑问		

二、实训任务简介

　　水晶虾饺是广东地区传统名点，是广州茶楼、酒家的传统小吃，属于粤菜系，广东人饮茶时少不了来一笼虾饺。水晶虾饺始创于 20 世纪初，已经有百年历史。传统的虾饺是半月形、蜘蛛肚，共有十二褶，经过老一辈师傅的不断改良，成为今天最能代表广东点心特色的名品之一。水晶虾饺馅料虾仁、猪肉、竹笋，现在流行的是独虾虾饺，味道鲜美爽滑，美味可口。

三、实训任务目标

　　❶ **素质目标**　①树立中国饮食文化自信。②通过品种改良设计培养创新意识。

　　❷ **知识目标**　①了解水晶虾饺的历史渊源。②了解预制点心的定义和要求。

　　❸ **能力目标**　①能够掌握水晶虾饺的拍皮技巧和包捏技术。②能够根据地方特色，进行水晶虾饺面皮与馅心包装及工艺上的优化。

> **随堂讨论：**同学们知道什么是澄粉吗？有同学在调制澄粉面团时，直接用常温的水去搅拌，请问这样操作可以吗？为什么？那么澄粉面团是怎样调制出来的呢？

四、实训备料参考

用料参考（建议 30 个）		用量参考 /g	用料参考（建议 30 个）		用量参考 /g
面团	澄粉	150	馅料	竹笋丝	50
	生粉	100		味精	12.5
	木薯粉	25		白砂糖	18
	盐	2.5		白胡椒粉	1.5
	猪油	10		芝麻油	15
	开水	300		猪油	50
馅料	虾仁	500	配料	小苏打	1.25
	肥猪肉粒	125		陈村枧水	2
	盐	10		生粉	15

五、实训成品特点

　　水晶虾饺皮薄通透，色泽洁白晶莹，面皮口感柔韧；馅心鲜香爽口，汁多味美。

六、实训工艺流程

1. 取 1/5 量的生粉，与澄粉混合过筛后装入盆中，加入盐，将开水一次性倒入，迅速搅拌成团，倒在案板上，加入剩余生粉、木薯粉，揉搓成均匀光滑的粉团，并加入猪油再揉透，制成水晶虾饺皮粉团后，用半湿洁净白布盖住，备用。

2. 竹笋丝用沸水煮过，晾凉，脱水后放入白砂糖混合，再用猪油拌匀。将虾仁洗干净，吸干水分，用盐、小苏打、陈村枧水、生粉拌匀，腌制约 15 min 后，放在拌馅盆内搅打至起胶，再把其余的原料、调味料放入盆中拌匀，最后放入拌匀的竹笋丝。将调制好的馅料放入 10 ℃以下冰箱内静置约 30 min，待馅料的油脂凝固即可使用。

3. 下剂，剂子每个重约 8 g，包入馅料 12.5 g。

4. 用拍皮刀将剂子压薄成直径 6.5 cm 的圆形（每次拍皮时将刀拍油布一次），并左手拿皮，右手用馅挑取馅料。

5. 包入馅料后捏成弯梳形饺子生坯。

6. 全部做好后，用旺火蒸约 5 min 即可。

行业新工艺
了解预制点心的技术要求。

七、实训任务检测与拓展思考

1. 澄粉要用开水烫熟，如果不用开水烫熟，效果会怎样？
2. 澄粉面团在操作过程中容易干硬，影响操作，我们应如何防止面皮干硬？
3. 简述把水晶虾饺做成预制点心，要解决哪些技术上的难题。
4. 澄粉面团和米粉类面团在调制工艺上有什么不同？

课后测试

21

八、评价指标参考

❶ 过程评价　过程评价参考《全国职业院校技能大赛赛项规程》烹饪赛项规程（GZ082）。

项　目		技 术 要 求	分值	得分
职业素养（20分）	着装规范	穿戴干净整洁的工作服、围裙、厨师帽	10	
	操作卫生	实训卫生达标，操作台面整洁，工具摆放规范有序	10	
品种要求（60分）	口味质感	调味得当，口味鲜香，主味突出，无异味	20	
	规格要求	虾饺皮大小、厚薄均匀，生坯美观大方、大小一致	20	
	成品口感	成品皮透馅大，鲜嫩多汁	20	
其他要求（20分）	物料处理	节约原料，物尽其用	10	
	操作时间	在规定的时间内，规范操作，保质保量完成实训操作	10	
➤ 建议采取自评、互评、老师评价方式，并结合行业、企业评价			总分	

❷ 顾客评价　请顾客填写体验评价表。

请选择您的满意指数（请在 □ 内画 √）	★★★★★	★★★★	★★★	★★
	非常满意	满意	一般	不满意
水晶虾饺大小一致、形态美观	□	□	□	□
水晶虾饺皮透馅大、面皮筋道	□	□	□	□
水晶虾饺馅心调味得当、口味鲜香	□	□	□	□
水晶虾饺装盘美观、大方、干净	□	□	□	□
·您是否愿意再次选购此产品？	是 □		否 □	
·您是否愿意把此产品推荐给您的朋友？	是 □		否 □	
·本产品令您满意的地方				
·本产品您认为不足的地方				
·本产品按照每份 8 个，您能接受的价格是　8 元 / 份 □　12 元 / 份 □　16 元 / 份 □　24 元 / 份 □				
顾客的意见和建议：				

实训任务 6 炸糖糕制作

一、课前学习资源与准备

课前学习目标	1. 能简述炸糖糕的典故。 2. 了解不同地域炸糖糕的饮食风俗。 3. 熟悉炸糖糕的制作方法	
课前资源推荐	线上课程	1. 智慧职教平台《中式面点工艺》。 2. 智慧树平台《中式面点制作工艺》
	资料查阅	使用万方数据知识服务平台、中国知网等检索相关的关键词，辅助查阅资料
	视听资料	1. 中央电视台《每日农经》节目《新春发现（2）：花样翻新的青田糖糕》。 2. 通过视听平台搜索相关视频
案例导入	**糖糕留香久，滋润游子心** 　　浙江省青田县是久负盛名的华侨之乡，一个小小的县城居然有一半的人口是华侨。在这里能拿着欧元去菜市场买菜，街头巷尾都是西餐厅。然而在这样一个县城里却有一种传统的中式美食备受欢迎，它就是青田糖糕。 　　青田糖糕是一种独特的年糕，它历史悠久，是过春节或娶亲必备的食品和聘礼，每逢年节，都卖得异常火爆。这看起来不怎么起眼的糖糕为什么会卖得这么火呢？它为什么是华侨之乡离不开的年货呢？	
课前检测	扫描边栏二维码，进行课前测试	
课前思考与疑问		

教学资源

课前测试

Note

二、实训任务简介

糖糕是一种以面粉、白砂糖、桂花酱为原料制成的特色传统小吃，起源于河北，以现炸现吃最能体现其香甜可口、酥脆诱人的特点。刚出锅的糖糕呈椭圆形，形状立挺，放置后容易变软变塌，表皮不再松脆，但吃起来又别有一番风味。此实训任务以糖糕为重点，要求学生在掌握制作方法和操作关键的同时，能够根据地方特色与不同的客情进行工艺优化与改良。

三、实训任务目标

❶ **素质目标**　①树立中国饮食文化自信。②通过品种改良设计培养创新意识。

❷ **知识目标**　①了解炸糖糕的历史文化。②熟悉炸糖糕的制作工艺。

❸ **能力目标**　①能够完成炸糖糕的制作。②能够根据地方特色进行炸糖糕工艺的优化。

> **随堂讨论：** 糖糕、年糕、粘糕有什么区别？

四、实训备料参考

用料参考（建议20个）		用量参考 /g
面团	面粉（中筋面粉）	300
	开水	450 ± 10
馅料	白砂糖	20
	面粉	10
	桂花酱	24
油脂（炸制时用）	花生油	500

五、实训成品特点

成品色泽较亮，呈金黄色，有油炸香气，软糯香甜。

六、实训工艺流程

1. 用开水将面粉烫熟。

2. 将面絮摊开放凉。

3. 将晾凉的面絮揉成面团，然后醒发。

4. 面粉中加入白砂糖、桂花酱，拌和均匀，制成馅心。

5. 醒发好的面团下剂，包入馅心，并压成饼状。

6. 将生坯放入六成热的油锅中炸至金黄，捞出沥干油即可。

> **行业新工艺**
>
> 了解《食品安全国家标准 糕点、面包》（GB 7099—2015）中关于糕点的内容。

七、实训任务检测与拓展思考

1. 通过调研，分析各地糖糕有什么不同。

2. 在酒店餐饮中如何优化操作工艺以提高糖糕批量生产效率？

3. 查阅糕点的食品安全国家标准等相关资料，简述其在糖糕生产中的应用。

课后测试

八、评价指标参考

❶ 过程评价　过程评价参考《全国职业院校技能大赛赛项规程》烹饪赛项规程（GZ082）。

项　　目		技 术 要 求	分值	得分
职业素养（20分）	着装规范	穿戴干净整洁的工作服、围裙、厨师帽	10	
	操作卫生	实训卫生达标，操作台面整洁，工具摆放规范有序	10	
品种要求（60分）	口味质感	调味得当，口味鲜香，主味突出，无异味	20	
	规格要求	大小、厚薄均匀，生坯美观大方	20	
	成品口感	软糯香甜，馅料无颗粒感	20	
其他要求（20分）	物料处理	节约原料，物尽其用	10	
	操作时间	在规定的时间内，规范操作，保质保量完成实训操作	10	
➢ 建议采取自评、互评、老师评价方式，并结合行业、企业评价			总分	

❷ 顾客评价　请顾客填写体验评价表。

请选择您的满意指数（请在 □ 内画 √）	★★★★★ 非常满意	★★★★ 满意	★★★ 一般	★★ 不满意
糖糕大小一致、形态美观	□	□	□	□
糖糕面皮柔软无筋	□	□	□	□
糖糕馅料香甜适宜，无颗粒感	□	□	□	□
糖糕装盘美观、大方、干净	□	□	□	□
·您是否愿意再次选购此产品？	是 □		否 □	
·您是否愿意把此产品推荐给您的朋友？	是 □		否 □	
·本产品令您满意的地方				
·本产品您认为不足的地方				
·本产品按照每份 8 个，您能接受的价格是　8 元 / 份 □　10 元 / 份 □　12 元 / 份 □　16 元 / 份 □				

顾客的意见和建议：

项目二
膨松面团品种实训

一、总体实训目标

（一）素质目标

（1）了解膨松面团品种的文化内涵，不断加强职业素养。

（2）能灵活运用信息化工具辅助膨松面团品种实训的学习和创新探索。

（二）知识目标

（1）了解膨松面团的种类和膨松原理。

（2）掌握膨松面团品种的制作工艺流程。

（三）能力目标

（1）能采用合理的技法及科学使用膨松剂制作膨松面团品种。

（2）能根据客情需要，创新原有品种。

二、实训项目概览

膨松面团就是在调制过程中，合理地使用原料，运用其理化性质，使面团或成品产生疏松多孔的组织，主要分为生物膨松面团、物理膨松面团和化学膨松面团三类。

类　　别	常用的膨松剂	面团特点	代表品种
生物膨松面团	酵母	体积膨胀、组织多孔，产品质地暄软，能够呈现较醇厚的麦香或米香	刀切馒头、花卷、发糕、豆沙包、提褶包、银丝卷等
物理膨松面团	蛋白质、固体油脂	组织孔洞细密、产品质地柔软或酥脆，能够呈现主要原料较浓郁的香气	老式蜂蜜蛋糕、雪衣红沙等
化学膨松面团	泡打粉、小苏打等	体积膨大、孔洞明显，产品质地酥脆或柔软，但易因化学反应不完全而残留异味	油条、桃酥、枣糕、甘露酥等

三、项目素质目标一览表

序号	品　种	关键素质目标	关键词与句
1	花卷	家国情怀	悠久的中国面食文化与技艺传承
2	提褶包	职业素养	熟悉原料特性，物尽其用
3	银丝卷	审美鉴赏	造型艺术，精工细作
4	老式蜂蜜蛋糕	社会责任	"零添加"，突出食材本味，把好食安第一道关
5	油条	创新意识	勇于研创"预制面点"
6	桃酥	工匠精神	传承经典味道，优化传统工序

四、实训任务一览表

类　别	实训内容	适应职业技能等级考核	适合技能竞赛
生物膨松面团	花卷制作	初 / 中 / 高	
	提褶包制作	初 / 中 / 高	√
	银丝卷制作	初 / 中 / 高	√
物理膨松面团	老式蜂蜜蛋糕制作	初 / 中 / 高	
化学膨松面团	油条制作	初 / 中 / 高	√
	桃酥制作	初 / 中 / 高	√

实训任务 1　花卷制作

一、课前学习资源与准备

课前学习目标	1. 能简述花卷的由来。 2. 熟悉花卷的制作工艺。 3. 能够积极探索并发现品种创新要素	
课前资源推荐	线上课程	1. 智慧职教平台《中式面点工艺》。 2. 智慧树平台《中式面点制作工艺》
	资料查阅	使用万方数据知识服务平台、中国知网等检索相关的关键词，辅助查阅资料
	视听资料	通过视听平台搜索相关视频
案例导入	**小小一花卷，浓浓中国情** 　　花卷是一款经典的中式面点，它有着悠久的历史和丰富的文化内涵，相传为三国时期蜀国丞相诸葛亮所发明的馒头演变而来。诸葛亮始创的馒头，以牛羊肉为馅，工序复杂且花费较多，后人便将做馅的工序省去，就成了馒头；而有馅的，则成为包子；捏有很多褶，像开花一样的，就起名为花卷。明代宋诩的《宋氏养生部》中记载了蒸卷，并分别记述了三种卷的制作方法。这三种蒸卷就是今日的花卷，中间涂有不同的馅料。它是将发酵面团擀制成薄片，放入馅料以后卷起，再用刀切等工序制成生坯，蒸熟而食的花样主食，特点是洁白暄软，味香芳馥。可用不同的方法制成不同形状、不同馅料的各式花卷。花卷体积虽小，却是中国人餐桌上必不可少的早餐美食之一，南北方均会食用。花卷在日常的生活中传达着中国人的生活情感，展现着东方智慧	
课前学习检测	扫描边栏二维码，进行课前测试	
课前思考与疑问		

教学资源

课前测试

Note

二、实训任务简介

　　花卷是生物膨松面团的典型代表品种，经蒸制加热成熟后，吃起来松香可口，香味浓郁。由于外观造型似花，可促进食欲，也是民间改善馍食制作的一种好方式。花卷面团以小麦面粉为主，一般制作方式是将发酵面团反复揉搓，擀成厚长条状，再将食用油均匀抹在长条面上。根据各人口味，可再撒些盐或调料粉，随后将长条面卷成粗细均匀的筒状。整理后，按每隔两指半或三指宽切一段，每两个一组重叠起来，用双手抓住两端拧捏成型，即制好了生坯。此实训任务以花样花卷的制作工艺为重点，要求学生在掌握制作方法和操作关键的同时，能够根据地方特色与不同的客情进行工艺优化与改良。

三、实训任务目标

　　❶ **素质目标**　①通过学习花卷的历史文化，树立饮食文化自信。②通过品种改良设计培养创新意识。

　　❷ **知识目标**　①了解花卷的由来。②熟悉花卷的制作工艺。

　　❸ **能力目标**　①能够完成花卷的制作。②能够根据地方特色进行花卷工艺的优化。

> **随堂讨论：**花卷制作中，酵母用量受哪些因素影响？

四、实训备料参考

用料参考（建议 10 个）		用量参考 /g
面团	面粉（中筋面粉）	500
	酵母	5
	白砂糖	5
	水	250
辅料	色拉油	50
	腊肠	300

五、实训成品特点

　　成品花纹清晰，香气四溢，暄软适口。

六、实训工艺流程

1. 准确称量面粉、酵母、水等。

2. 面粉开窝，将酵母、白砂糖和水加入。

3. 揉成光滑的面团，静置 15 min。

4. 面团下剂、搓条。

5. 运用按、折、挑等成型方法制成西瓜卷。

6. 将粗细均匀的面条缠绕在腊肠上制成腊肠卷。

7. 运用卷、夹、捏等成型方法制成蝴蝶形花卷。

8. 运用擀、压、捏等成型方法制成荷叶形花卷。

9. 待生坯发酵至原体积的 1.5 倍，大火蒸制 20 min 成熟即可。

行业新工艺

了解全自动机械在花卷批量化生产中的应用。

七、实训任务检测与拓展思考

1. 综合分析常见花卷的形式与种类。

2. 在酒店、餐饮具体的工作岗位上，如何优化操作工艺以提高花卷批量生产效率？

3. 查阅冷链技术相关资料，简述冷链技术在速食花卷生产中的应用。

4. 花卷与提褶包的成型方法有哪些异同点？

课后测试

Note

八、评价指标参考

❶ 过程评价　过程评价参考《全国职业院校技能大赛赛项规程》烹饪赛项规程（GZ082）。

项　　目		技 术 要 求	分值	得分
职业素养 （20分）	着装规范	穿戴干净整洁的工作服、围裙、厨师帽	10	
	操作卫生	实训卫生达标，操作台面整洁，工具摆放规范有序	10	
品种要求 （60分）	口味质感	调味得当，口味鲜香，主味突出，无异味	20	
	规格要求	花卷坯剂重量一致，生坯形态美观	20	
	成品口感	香气四溢，暄软适口	20	
其他要求 （20分）	物料处理	节约原料，物尽其用	10	
	操作时间	在规定的时间内，规范操作，保质保量完成实训操作	10	
➤ 建议采取自评、互评、老师评价方式，并结合行业、企业评价			总分	

❷ 顾客评价　请顾客填写体验评价表。

请选择您的满意指数 （请在 □ 内画 √）	★★★★★ 非常满意	★★★★ 满意	★★★ 一般	★★ 不满意
花卷面团光滑，大小一致	□	□	□	□
花卷造型各异，形象逼真	□	□	□	□
花卷香气四溢，暄软适口	□	□	□	□
花卷装盘美观、大方、干净	□	□	□	□
• 您是否愿意再次选购此产品？	是 □		否 □	
• 您是否愿意把此产品推荐给您的朋友？	是 □		否 □	
• 本产品令您满意的地方				
• 本产品您认为不足的地方				
• 本产品按照每份 10 个，您能接受的价格是	8 元 / 份 □	10 元 / 份 □	12 元 / 份 □	16 元 / 份 □
顾客的意见和建议：				

实训任务 2　提褶包制作

一、课前学习资源与准备

课前学习目标	1. 了解提褶包的历史。 2. 熟悉提褶包的制作工艺。 3. 能够积极探索并发现品种创新要素	
课前资源推荐	线上课程	1. 智慧职教平台《中式面点工艺》。 2. 智慧树平台《中式面点制作工艺》
	资料查阅	使用万方数据知识服务平台、中国知网等检索相关的关键词，辅助查阅资料
	视听资料	1. 视频《提褶包：小包子大学问》。 2. 通过视听平台搜索相关视频
案例导入	**小包子，大学问** 　　我国早在三国时期就开始制作包子了。唐五代时，我国包子的制作已达到相当高的水平。《鹤林玉露》记载，北宋蔡京的太师府内有专门做包子的女厨，当时宋代包子的制作技术已经十分精湛。包子种类较多，从形状上可分为提褶包、花色包（秋叶、佛手、苹果、钳花等）和光头包三类。在实际的生产经营中，根据原料的特性而物尽其用，相互搭配制成多种口味的馅料，为了加以区分，会赋予包子各种形状及造型。提褶包除了美味，还特别讲究外形，要求封口的地方为鲫鱼嘴、荸荠鼓造型，褶纹越清晰、越多，越好看。 　　小包子，大学问，虽然提褶包在生活中常见，但是想要制作得又快又好却不简单，只有经过成千上万次的反复练习，技能才能更上一层楼	
课前学习检测	扫描边栏二维码，进行课前测试	
课前思考与疑问		

教学资源

课前测试

二、实训任务简介

提褶包呈圆形，形似灯笼，被赋予了团团圆圆、蒸蒸日上的美好寓意。制作时要求面皮中间稍厚、四周稍薄，馅心要放在中间。通常要求成品是鲫鱼嘴、荸荠鼓造型，是生物膨松面团的典型品种，对于面点师的综合技法运用是很大的考验，近年常出现在各级别烹饪竞赛和职业资格等级认证中。此实训任务以提褶包的制作工艺为重点，要求学生在掌握制作方法和操作关键的同时，能够根据地方特色与不同的客情进行工艺优化与改良。

三、实训任务目标

❶ **素质目标** ①通过学习提褶包的历史，树立饮食文化自信。②通过品种改良设计，培养创新意识。

❷ **知识目标** ①了解提褶包的历史。②熟悉提褶包的制作工艺。

❸ **能力目标** ①能够完成提褶包的制作。②能够根据地方特色进行提褶包工艺的优化。

> **随堂讨论：** 馅料水分的多少对于包子成品的影响有哪些？

四、实训备料参考

用料参考（建议12个）		用量参考/g
面团	面粉（低筋面粉）	300
	酵母	2
	白砂糖	2
	水	160
馅料	猪肉馅	150
	白菜碎	250
	葱姜末	10
调味品	盐	5
	鸡精	2
	酱油	15
	蚝油	10
	香油	30

五、实训成品特点

成品形态美观，褶皱均匀，咸鲜适口。

六、实训工艺流程

1. 准确称量面粉、酵母、水和白砂糖等原料。

2. 面粉开窝，将酵母、白砂糖和水加入。

3. 揉制成光滑面团。

4. 猪肉馅加调味品调味，并加入焯过水的白菜碎拌匀。

5. 将面团搓长条，下剂。

6. 将剂子按扁并擀制面皮。

7. 运用捏、折、提等技法使包子成型。

8. 将生坯置于笼屉上醒发。

9. 待生坯醒发至原体积的 1.5 倍，大火蒸制 20 min 成熟即可。

行业新工艺

了解冷链技术在提褶包批量化生产与储存中的应用。

七、实训任务检测与拓展思考

1. 面粉含筋量高低对提褶包的造型有哪些影响？

2. 提褶包和灌汤包的制作工艺有什么不同？

3. 我国南方和北方的提褶包有哪些异同点？

4. 提褶包和银丝卷的面团发酵程度有什么不同？

课后测试

Note

八、评价指标参考

❶ 过程评价　过程评价参考《全国职业院校技能大赛赛项规程》烹饪赛项规程（GZ082）。

项　　目		技 术 要 求	分值	得分
职业素养 （20分）	着装规范	穿戴干净整洁的工作服、围裙、厨师帽	10	
	操作卫生	实训卫生达标，操作台面整洁，工具摆放规范有序	10	
品种要求 （60分）	口味质感	调味得当，口味鲜香，主味突出，无异味	20	
	规格要求	成品美观大方、规格大小一致	20	
	成品口感	成品皮、馅比例协调，咸鲜适口	20	
其他要求 （20分）	物料处理	节约原料，物尽其用	10	
	操作时间	在规定的时间内，规范操作，保质保量完成实训操作	10	
➤ 建议采取自评、互评、老师评价方式，并结合行业、企业评价			总分	

❷ 顾客评价　请顾客填写体验评价表。

请选择您的满意指数 （请在 □ 内画 √）	★★★★★	★★★★	★★★	★★
	非常满意	满意	一般	不满意
提褶包大小一致、形态美观	□	□	□	□
提褶包面皮洁白、暄软柔韧	□	□	□	□
提褶包皮、馅比例协调，咸鲜适口	□	□	□	□
提褶包装盘美观、大方、干净	□	□	□	□
• 您是否愿意再次选购此产品？	是 □		否 □	
• 您是否愿意把此产品推荐给您的朋友？	是 □		否 □	
• 本产品令您满意的地方				
• 本产品您认为不足的地方				
• 本产品按照每份12个，您能接受的价格是　8 元 / 份 □　　12 元 / 份 □　　24 元 / 份 □　　36 元 / 份 □				
顾客的意见和建议：				

实训任务 3　银丝卷制作

一、课前学习资源与准备

课前学习目标		1. 了解银丝卷的历史。 2. 熟悉银丝卷繁复的制作工艺。 3. 能够积极探索并发现品种创新要素
课前资源推荐	线上课程	1. 智慧职教平台《中式面点工艺》。 2. 智慧树平台《中式面点制作工艺》
	资料查阅	1. 选读《上海的吃》（陈贤德、陈祝义）。 2. 使用万方数据知识服务平台、中国知网等检索相关的关键词，辅助查阅资料
	视听资料	通过视听平台搜索银丝卷相关视频
案例导入		**工序繁杂需细做，注重品质塑厨德** 　　中国面点"卷"制形态的出现相对较晚。早期的面点大多以饼称呼。卷最早是从烙饼中分离出来的，后来又从蒸饼中发展出一分支，而后又从酥饼中衍生而来。银丝卷整体制作下来需要用到和、揉、搓、摔、溜、抻、擀、包、叠、卷10种以上的繁复技艺，无不体现着中式面点的精工细作。能够巧妙地将各类天然食材相互搭配，并运用食材自身的理化特性，制成形色各异、种类繁多的糕点，无不体现着国人的智慧和对于"味道"的精准把握。 　　银丝卷属于抻发面，相较传统抻面，更加费力和考验面点师的功底。北京市工贸技师学院教师、北京市技能大师工作室中式面点首席技师、中式面点高级技师张虎老师参加工作之初，仅仅抻面一个环节就苦练了一个月的时间，可见工序繁杂、难度之高。掌握传统技艺技法是传承经典美食的重中之重，也是面点师应具备的职业素养和创新的基础
课前检测		扫描边栏二维码，进行课前测试
课前思考与疑问		

二、实训任务简介

　　银丝卷是鲁菜及孔府菜中的一道精致主食，有着悠久的历史与文化。银丝卷是生物膨松面团的典型品种，可蒸、可烤、可炸，刚出锅的银丝卷个个白皙光滑，掰开后银丝根根分明，入口柔和香甜、绵软油润，常作为高档宴席、技能竞赛等重要活动场合的必选品种，同时也被赋予了团圆、财源滚滚等美好的寓意。此实训任务以银丝卷为重点，要求学生在掌握制作方法和操作关键的同时，能够根据地方特色与不同的客情进行工艺优化与改良。

三、实训任务目标

　　❶ **素质目标**　①通过学习银丝卷的文化内涵，了解我国饮食文化的博大精深。②通过品种改良设计培养创新意识。

> **随堂讨论**：银丝卷在选料时，为什么要选用绵白糖而不是白砂糖？

　　❷ **知识目标**　①了解银丝卷所属膨松面团的类别和风味特点。②熟悉银丝卷的制作工艺。

　　❸ **能力目标**　①能够完成银丝卷的制作。②能够根据地方特色进行银丝卷工艺的优化。

四、实训备料参考

用料参考（建议 6 个）		用量参考 /g
面团	面粉（中筋面粉）	250
	酵母	5
	水	170
辅料	色拉油	200
调味品	绵白糖	50

五、实训成品特点

　　成品形态美观，<u>丝丝分明</u>，香甜绵软。

六、实训工艺流程

1. 准确称量面粉、酵母、水等原料。

2. 将面粉与酵母和水调制成光滑面团。

3. 面团醒发 20 min 后，揉入白砂糖。

4. 运用摔的技法将面团的筋性摔出。

5. 将面条溜至粗细均匀。

6. 在面条上撒上干粉，抻成约 0.3 cm 粗的细丝。

7. 出丝后马上均匀刷上色拉油。

8. 用面皮将面丝包成"枕头"形。

9. 待生坯醒发至原体积的 1.5 倍，大火蒸制 20 min 成熟即可。

行业新工艺

了解银丝卷预制流水线的机械与工艺。

七、实训任务检测与拓展思考

1. 改变银丝卷颜色的方法有哪些？

2. 如果以"银丝"作为面点的坯皮，其造型会有哪些样式？

3. 若想冷链批量加工银丝卷，如何提高出丝效率？

4. 银丝卷与老式蜂蜜蛋糕的膨松原理有什么不同？

课后测试

八、评价指标参考

❶ 过程评价　过程评价参考中式面点师职业技能等级认定评分标准。

项　目		技术要求	分值	得分
职业素养（20分）	着装规范	穿戴干净整洁的工作服、围裙、厨师帽	10	
	操作卫生	实训卫生达标，操作台面整洁，工具摆放规范有序	10	
品种要求（60分）	口味质感	投料得当，主味突出，无异味	20	
	规格要求	银丝卷规格大小一致，生坯形态美观	20	
	成品口感	成品香甜绵软，丝丝分明	20	
其他要求（20分）	物料处理	节约原料，物尽其用	10	
	操作时间	在规定的时间内，规范操作，保质保量完成实训操作	10	
➤ 建议采取自评、互评、老师评价方式，并结合行业、企业评价			总分	

❷ 顾客评价　请顾客填写体验评价表。

请选择您的满意指数（请在 □ 内画 √）	★★★★★	★★★★	★★★	★★
	非常满意	满意	一般	不满意
银丝卷大小一致、形态美观	□	□	□	□
银丝卷香甜绵软丝丝分明	□	□	□	□
银丝卷暄软油润	□	□	□	□
银丝卷装盘美观、大方、干净	□	□	□	□
• 您是否愿意再次选购此产品？	是 □		否 □	
• 您是否愿意把此产品推荐给您的朋友？	是 □		否 □	
• 本产品令您满意的地方				
• 本产品您认为不足的地方				
• 本产品按照每份 6 个，您能接受的价格是　9 元 / 份 □　　10 元 / 份 □　　12 元 / 份 □　　16 元 / 份 □				

顾客的意见和建议：

实训任务 4
老式蜂蜜蛋糕制作

一、课前学习资源与准备

课前学习目标	1. 了解老式蜂蜜蛋糕的历史。 2. 熟悉老式蜂蜜蛋糕的制作工艺。 3. 能够积极探索并发现品种创新要素	
课前资源推荐	线上课程	1. 智慧职教平台《中式面点工艺》。 2. 智慧树平台《中式面点制作工艺》
	资料查阅	使用万方数据知识服务平台、中国知网等检索相关的关键词，辅助查阅资料
	视听资料	通过视听平台搜索相关视频
案例导入	**用料需谨慎，安全第一关** 　　典籍记载，我国糕类的制作有 2000 多年的历史。《周礼》中记载的"糗饵粉糍"，即现在的糍糕之类。《礼记》也有记载"稻米二，肉一，合以为饵，煎之"，表明我国周代不仅有一般的米糕，而且有加荤馅用油煎的米糕，那时的糕点制作已达到一定的技术水平。两汉时期，我国制糕技术有了发展，出现了枣糕，果品等被加入了糕点中。明清时期，鱼米之乡江南的花样糕点更多。 　　能够巧妙地将各类天然食材相互搭配，并运用食材自身的理化特性，制成形色各异、种类繁多的糕点，无不体现着国人的智慧和对于"味道"的精准把握。老式蜂蜜蛋糕传承古法技艺，突出食材本味，坚持"零添加"，是典型的"安全"营养美食，承载着几代人的"时代情怀"	
课前学习检测	扫描边栏二维码，进行课前测试	
课前思考与疑问		

教学资源

课前测试

Note

二、实训任务简介

老式蜂蜜蛋糕是经久不衰的一款传统糕点，是很多人记忆中的儿时味道。制作过程不使用任何添加剂，采用原始的打发鸡蛋方式，让蛋糕膨松柔软，还原出最纯朴的蛋香味。老式蜂蜜蛋糕是物理膨松面团的典型品种，它的风味主要源于鸡蛋与蜂蜜。蜂蜜含有较多的还原糖，而鸡蛋含有丰富的蛋白质，在烘烤时美拉德反应与焦糖化反应更加强烈，使得它的烘焙色泽更深，焦糖香味更突出。此实训任务以老式蜂蜜蛋糕的制作工艺为重点，要求学生在掌握制作方法和操作关键的同时，能够根据地方特色与不同的客情进行工艺优化与改良。

三、实训任务目标

❶ 素质目标 ①通过学习老式蜂蜜蛋糕的历史文化，树立饮食文化自信。②通过品种改良设计培养创新意识。

❷ 知识目标 ①了解老式蜂蜜蛋糕的历史文化。②熟悉老式蜂蜜蛋糕的制作工艺。

❸ 能力目标 ①能够完成老式蜂蜜蛋糕的制作。②能够根据地方特色进行老式蜂蜜蛋糕工艺的优化。

随堂讨论：为什么低筋面粉适合制作蛋糕？

四、实训备料参考

用料参考（建议 10 个）		用量参考 /g
蛋糕糊	鸡蛋	150
	蜂蜜	30
	细砂糖	50
	低筋面粉	100
	色拉油	20
装饰	白芝麻	10

五、实训成品特点

成品外脆内软，蛋香浓郁。

六、实训工艺流程

1. 准确称量鸡蛋、细砂糖、面粉等原料。

2. 鸡蛋打入搅拌桶中。

3. 加入细砂糖和蜂蜜。

4. 高速打发蛋糕糊，直至在表面画的纹路不消失。

5. 加入色拉油、低筋面粉拌匀。

6. 将蛋糕糊装入裱花袋中。

7. 将蛋糕糊挤入模具中直至九成满，震出大气泡，表面撒白芝麻装饰。

8. 将蛋糕生坯送入预热好的烤箱中。

9. 180 ℃约烤 30 min，烤至表面金黄熟透即可。

行业新工艺

了解全自动加工技术在老式蜂蜜蛋糕批量化生产中的应用。

七、实训任务检测与拓展思考

1. 鸡蛋的新鲜度对蛋糕有哪些影响？

2. 为什么餐饮经营中，面点师更喜欢制作含添加剂的蛋糕？

3. 老式蜂蜜蛋糕与油条的膨松方法有什么不同？

课后测试

43

八、评价指标参考

❶ 过程评价 过程评价参考中式面点师职业技能等级认定评分标准。

项 目		技 术 要 求	分值	得分
职业素养 （20分）	着装规范	穿戴干净整洁的工作服、围裙、厨师帽	10	
	操作卫生	实训卫生达标，操作台面整洁，工具摆放规范有序	10	
品种要求 （60分）	口味质感	金黄酥软，蛋香浓郁突出，无异味	20	
	规格要求	规格大小一致，形态美观	20	
	成品口感	成品外脆内软，蛋香浓郁	20	
其他要求 （20分）	物料处理	节约原料，物尽其用	10	
	操作时间	在规定的时间内，规范操作，保质保量完成实训操作	10	
➤ 建议采取自评、互评、老师评价方式，并结合行业、企业评价			总分	

❷ 顾客评价 请顾客填写体验评价表。

请选择您的满意指数 （请在 □ 内画 √）	★★★★★ 非常满意	★★★★ 满意	★★★ 一般	★★ 不满意
老式蜂蜜蛋糕规格大小一致、形态美观	□	□	□	□
老式蜂蜜蛋糕外脆内软	□	□	□	□
老式蜂蜜蛋糕香甜绵软	□	□	□	□
老式蜂蜜蛋糕装盘美观、大方、干净	□	□	□	□
• 您是否愿意再次选购此产品？	是 □		否 □	
• 您是否愿意把此产品推荐给您的朋友？	是 □		否 □	
• 本产品令您满意的地方				
• 本产品您认为不足的地方				
• 本产品按照每份 10 个，您能接受的价格是　8 元 / 份 □　　10 元 / 份 □　　12 元 / 份 □　　16 元 / 份 □				

顾客的意见和建议：

Note

实训任务 5　油条制作

一、课前学习资源与准备

课前学习目标	1. 了解油条的历史文化。 2. 熟悉油条的制作工艺。 3. 能够积极探索并发现品种创新要素	
课前资源推荐	线上课程	1. 智慧职教平台《中式面点工艺》。 2. 智慧树平台《中式面点制作工艺》
	资料查阅	选读《汪曾祺的油条摄肉》（沈嘉禄）
	视听资料	通过视听平台搜索相关视频
案例导入	**勇于探索，创新笃行** 　　油条是中国大众喜欢的小吃之一，也是中国人喜欢的早餐。油条的历史悠久，早在唐朝就有一种类似现代油条的食物出现，被称为寒具。诗人刘禹锡曾这么描述，"纤手搓来玉数寻，碧油煎出嫩黄深。夜来春睡无轻重，压匾佳人缠臂金。"到了宋朝，秦桧迫害岳飞，民间通过炸制"油炸桧"来表达愤怒。"油炸桧"正是油条最初的名字。从宋朝至今，油条的形态和口味并没有太大变化，不过油条在各地叫法不一，广东人叫"油炸鬼"，天津人叫"馃子"，东北人叫"大果子"。但不论天南海北，早餐桌上随处可见的油条，都说明了千百年来它在中国人心中不可或缺的地位。 　　2023年中央一号文件提出，"提升净菜、中央厨房等产业标准化和规范化水平，培育发展预制菜产业。"预制面点作为其中的重要组成，市场及行业前景广阔，潜力巨大。随着预制菜的推广，油条制作技艺也在研发中不断精耕市场，创新探索，为面点行业的发展与产品创新传播赋能	
课前学习检测	扫描边栏二维码，进行课前测试	
课前思考与疑问		

教学资源

课前测试

Note

二、实训任务简介

油条，一种古老的面食，是长条形中空的油炸食品，口感松脆有韧劲，也是中国传统的早点之一。油条是化学膨松面团的典型品种，各地的油条制作工艺因受到地方文化的影响略有差异，但是无论在何处，油条都是中国人喜欢的早点之一，同时也被赋予了幸福吉祥等美好的寓意。此实训任务以油条的制作工艺为重点，要求学生在掌握制作方法和操作关键的同时，能够根据地方特色与不同的客情进行工艺优化与改良。

三、实训任务目标

❶ 素质目标 ①通过学习油条历史文化，树立饮食文化自信。②通过品种改良设计培养创新意识。

❷ 知识目标 ①了解油条的历史文化。②熟悉油条的制作工艺。

❸ 能力目标 ①能够完成油条的制作。②能够根据地方特色进行油条工艺的优化。

> **随堂讨论：**如果用酵母代替小苏打和泡打粉，成品会有什么不同？

四、实训备料参考

用料参考（建议 10 个）		用量参考 /g
主料	中筋面粉	350
	水	225
辅料	小苏打	3
	泡打粉	10
	盐	2
	植物油	12

五、实训成品特点

成品色泽金黄，柔韧适口。

六、实训工艺流程

1. 准确称量中筋面粉、小苏打等原料。

2. 中筋面粉、小苏打、泡打粉混合后过筛。

3. 将水加入混合粉料中调制成团。

4. 面团成团后，每隔 1 h 揣 1 次，共揣 3 次，将揣好的面团整理成长方形，表面刷植物油封保鲜膜，冰箱冷藏 7 h。

5. 将面团顺长擀成长 30 cm、宽 12 cm、厚 1 cm、的长方状，用快刀分割成两指宽的条。

6. 面条中间沾水并盖上另一个面条，用筷子从中间压紧。

7. 揪住压紧的面条的两端并拉长。

8. 下入 150 ℃油锅中，同时用筷子来回翻动使其受热均匀。

9. 炸至金黄、熟透即可。

行业新工艺

了解冷链技术在油条批量化生产与储存中的应用。

七、实训任务检测与拓展思考

1. 油条可以运用油炸以外的熟制方法吗？请分析原因。
2. 不同的膨松剂对于油条的膨松都有什么样的作用？
3. 油条应用于团餐配送时，会遇到哪些困难？

八、评价指标参考

❶ **过程评价** 过程评价参考中式面点师职业技能等级认定评分标准。

项　目		技　术　要　求	分值	得分
职业素养（20分）	着装规范	穿戴干净整洁的工作服、围裙、厨师帽	10	
	操作卫生	实训卫生达标，操作台面整洁，工具摆放规范有序	10	
品种要求（60分）	口味质感	金黄酥脆，膨松柔韧，无异味	20	
	规格要求	规格大小一致，形态美观	20	
	成品口感	色泽金黄，柔韧适口	20	
其他要求（20分）	物料处理	节约原料，物尽其用	10	
	操作时间	在规定的时间内，规范操作，保质保量完成实训操作	10	
➤ 建议采取自评、互评、老师评价方式，并结合行业、企业评价			总分	

❷ **顾客评价** 请顾客填写体验评价表。

请选择您的满意指数（请在 □ 内画 √）	★★★★★ 非常满意	★★★★ 满意	★★★ 一般	★★ 不满意
油条大小一致、形态美观	□	□	□	□
油条外酥内软	□	□	□	□
油条色泽金黄，柔韧适口	□	□	□	□
油条装盘美观、大方、干净	□	□	□	□
• 您是否愿意再次选购此产品？	是 □		否 □	
• 您是否愿意把此产品推荐给您的朋友？	是 □		否 □	
• 本产品令您满意的地方				
• 本产品您认为不足的地方				
• 本产品按照每份 10 个，您能接受的价格是　10 元 / 份 □　15 元 / 份 □　18 元 / 份 □　20 元 / 份 □				

顾客的意见和建议：

实训任务 6　桃酥制作

一、课前学习资源与准备

教学资源

课前学习目标	1. 了解桃酥的历史文化。 2. 熟悉桃酥的制作工艺。 3. 能够积极探索并发现品种创新要素	
课前资源推荐	线上课程	1. 智慧职教平台《中式面点工艺》。 2. 智慧树平台《中式面点制作工艺》
	资料查阅	使用万方数据知识服务平台、中国知网等检索相关的关键词，辅助查阅资料
	视听资料	通过视听平台搜索相关视频
案例导入	**质量是产品最好的名片** 　　桃酥起源于江西，是一种南北皆宜的汉族传统特色小吃，以其干、酥、脆、甜的特点闻名全国，主要成分是面粉、鸡蛋、油酥等。相传在唐元时期，江西景德镇周边县市乐平、贵溪、鹰潭等地农民纷纷前往景德镇做陶工。由于工作繁忙，当时有一位乐平农民将自家带来的面粉搅拌后直接放在窑炉表面烘焙，由于他常年咳嗽，平日常食桃仁止咳，故在焙烤时会加入桃仁碎末。其他陶工见此法做的干粮便于日常保存和长途运送瓷器时食用，便纷纷仿效，并将其取名陶酥，后谐音为桃酥。 　　桃酥发展至今，为了满足人们对口感的要求，会添加一定比例的化学膨松剂提高其酥脆度和防止返潮。作为面点师，在工作岗位上要时刻将顾客的食品安全放在第一位，在保证产品品质不变的同时，运用所掌握的知识和技能勤思考，精益求精，优化操作工艺，降低化学膨松剂的残留。	
课前学习检测	扫描边栏二维码，进行课前测试	
课前思考与疑问		

课前测试

Note

49

二、实训任务简介

桃酥是一道美味可口、南北皆宜的名点，以其干、酥、脆、甜的特点闻名全国，制作时是在油酥面团中加入一定比例的膨松剂，是化学膨松面团的典型品种，在经过烘烤之后带有入口即化、酥脆香甜的口感。同时桃酥也被赋予了幸福、吉祥、好运等美好的寓意。此实训任务以桃酥的制作工艺为重点，要求学生在掌握制作方法和操作关键的同时，能够根据地方特色与不同的客情进行工艺优化与改良。

三、实训任务目标

❶ **素质目标** ①通过学习桃酥历史文化，树立饮食文化自信。②通过品种改良设计培养创新意识。

❷ **知识目标** ①了解桃酥的历史文化。②熟悉桃酥的制作工艺。

❸ **能力目标** ①能够进行桃酥的制作。②能够根据地方特色进行桃酥工艺的优化。

> **随堂讨论：** 阿摩尼亚、小苏打、泡打粉是否可以相互替代使用？

四、实训备料参考

	用料参考（建议 15 个）	用量参考 /g
主料	面粉（中筋面粉）	250
	白砂糖	100
	花生油	120
	鸡蛋	50
辅料	阿摩尼亚	2.5
	泡打粉	2.5
	小苏打	2.5
装饰	黑芝麻	30

五、实训成品特点

成品质地膨松，酥脆香甜。

六、实训工艺流程

1. 准确称量面粉、阿摩尼亚、小苏打等原料。

2. 将面粉、阿摩尼亚、泡打粉、小苏打混合过筛。

3. 花生油中加入白砂糖，搅拌至乳化发白状态。

4. 将混合粉拌入乳化后的花生油中。

5. 拌匀后揉成光滑油润的面团。

6. 将面团分割成均匀的剂子，揉成球状生坯。

7. 将球状生坯放置在烤盘上，中心压窝，放入黑芝麻。

8. 将生坯放入预热好的 180 ℃烤箱烤制约 20 min。

9. 烤至呈金黄色、熟透即可。

行业新工艺

了解全自动加工技术在桃酥批量化生产中的应用。

七、实训任务检测与拓展思考

1. 不同类型的油脂对桃酥的品质有哪些影响？

2. 桃酥与西点中的曲奇有哪些异同点？

3. 在酒店、餐饮具体的工作岗位上，如何优化操作工艺，降低化学膨松剂的残留？

4. 制作桃酥为什么不包裹馅心？

课后测试

Note

八、评价指标参考

❶ 过程评价　过程评价参考中式面点师职业技能等级认定评分标准。

项　目		技　术　要　求	分值	得分
职业素养 （20分）	着装规范	穿戴干净整洁的工作服、围裙、厨师帽	10	
	操作卫生	实训卫生达标，操作台面整洁，工具摆放规范有序	10	
品种要求 （60分）	口味质感	质地膨松，无异味	20	
	规格要求	规格大小一致，形态美观	20	
	成品口感	酥脆香甜，入口即化	20	
其他要求 （20分）	物料处理	节约原料，物尽其用	10	
	操作时间	在规定的时间内，规范操作，保质保量完成实训操作	10	
➤ 建议采取自评、互评、老师评价方式，并结合行业、企业评价			总分	

❷ 顾客评价　请顾客填写体验评价表。

请选择您的满意指数 （请在 □ 内画 √）	★★★★★ 非常满意	★★★★ 满意	★★★ 一般	★★ 不满意
桃酥大小一致，形态美观	□	□	□	□
桃酥色泽金黄，质地膨松	□	□	□	□
桃酥酥脆香甜，入口即化	□	□	□	□
桃酥装盘美观、大方、干净	□	□	□	□
• 您是否愿意再次选购此产品？	是 □		否 □	
• 您是否愿意把此产品推荐给您的朋友？	是 □		否 □	
• 本产品令您满意的地方				
• 本产品您认为不足的地方				
• 本产品按照每份 15 个，您能接受的价格是	10 元/份 □　　15 元/份 □　　20 元/份 □　　30 元/份 □			
顾客的意见和建议：				

项目三
油酥面团品种实训

一、总体实训目标

（一）素质目标

（1）树立文化自信，增强民族自豪感，具有职业理想。

（2）具备检索信息、提炼归纳的能力和创新意识，在品种制作过程中专注、精益求精。

（二）知识目标

（1）了解中国传统油酥面团品种的饮食文化。

（2）掌握油酥面团的品种特性、面团分类方法和工艺流程。

（三）能力目标

（1）能够根据原料特性和营养搭配，独立或合作规范完成酥皮月饼、枣花酥、一口酥、荷花酥等常见品种制作。

（2）能够根据具体客情制作相关产品，具备一定的知识迁移能力。

二、实训项目概览

油酥面团是用油脂和面粉作为主要原料调制而成的面团，根据其制作方法的不同，可分为层酥面团和单酥面团两大类。

类　别	制　法	面团特点	代表品种
层酥面团	水油酥面团	层次多样，可塑性强，有一定弹性、韧性，口感酥香	苏式月饼、萝卜酥、鲜花饼、枣花酥、荷花酥、酥盒子、眉毛酥、海棠酥等
	擘酥面团	层次清晰均匀，制品膨松，可塑性较差，营养丰富，口感酥松、浓香、酥脆	叉烧酥、榴莲酥、咖喱酥角、蛋挞皮等
	酵面酥皮面团	层次清晰，膨松饱满，有一定韧性和弹性，可塑性较差，口感暄软酥香	蟹壳黄、黄桥烧饼、油酥火烧、豆沙酥饼、千层酥饼、麻油糖酥饼、旋风椒盐酥饼等

续表

类　别	制　法	面团特点	代表品种
单酥面团	混酥面团	面团较松散，有良好的可塑性，但缺乏弹性和韧性，具有酥、松、香等特点	笑口枣、桃酥、甘露酥、凤梨酥、一口酥等
	浆皮面团	面团组织细腻，具有一定的韧性，又有良好的可塑性，制品外表光洁，花纹清晰，饼皮松软	广式月饼等

三、项目素质目标一览表

序号	类　别		品　种	关键素质目标	关键词与句
1	单酥面团	混酥面团	凤梨酥制作	品牌意识	守护品牌，不越底线
2		浆皮面团	广式月饼制作	科学思维	中国老字号品牌赏析（执着专注、精益求精）
3	层酥面团	水油皮面团	苏式月饼制作	家国情怀	中国古代历史故事（忠于职守、爱岗敬业）
4			枣花酥制作	工匠精神	中国传统宫廷饮食文化赏析（食不厌精、脍不厌细）
5			莲藕酥制作	职业素养	弘扬我国文学（中通外直，不蔓不枝）
6		擘酥面团	榴莲酥制作	职业素养	节约资源与能源，减少浪费
7		酵面酥皮面团	黄桥烧饼制作	社会责任	弘扬革命传统，发扬革命精神（坚定信念、团结协作）

四、实训任务一览表

类　别	实训内容	适应职业技能等级考核	适合技能竞赛
单酥面团	凤梨酥制作	初/**中**/高	
	广式月饼制作	初/**中**/高	√
层酥面团	苏式月饼制作	初/中/**高**	√
	枣花酥制作	**初**/中/高	
	莲藕酥制作	初/中/**高**	√
	榴莲酥制作	初/**中**/高	√
	黄桥烧饼制作	初/中/**高**	√

实训任务 1　凤梨酥制作

一、课前学习资源与准备

课前学习目标		1. 能简述凤梨酥的渊源典故。 2. 能简述凤梨酥的营养价值。 3. 能区分凤梨酥与层酥面团的异同
课前资源推荐	线上课程	1. 智慧职教平台《中式面点工艺》。 2. 智慧树平台《中式面点制作工艺》
	资料查阅	1. 使用万方数据知识服务平台、中国知网等检索相关的关键词，辅助查阅资料。 2. 搜索凤梨酥的由来
	视听资料	通过视听平台搜索相关视频
案例导入		**凤梨酥的起源** 　　相传在三国时期 (公元 220—280 年)，刘备以喜饼迎娶孙权之妹，而订婚礼饼中便有以凤梨入馅制成的大饼。 　　台湾婚礼习俗中，订婚礼饼共 6 种口味，代表六礼，其中凤梨的闽南话发音是"旺来"，象征子孙旺旺来。凤梨亦是台湾祭拜常用的贡品，取其"旺旺""旺来"之意，深受民众喜爱。 　　早期的凤梨礼饼因太大，一般人消费不起。近百年前，台中县一位糕饼师傅颜瓶经常挑着担子，带着自己做的"龙凤饼"到台中贩售。最初的"龙饼"是包了肉馅的大圆饼，同样大小的"凤饼"则以凤梨为馅。"龙凤饼"因为吉祥的寓意，被认为是订婚、结婚不可或缺的喜饼。后来经过颜瓶改良，凤饼缩小成每个 25～100 g 的精巧小饼，凤梨酥从此诞生。
课前检测		扫描边栏二维码，进行课前测试
课前思考与疑问		

二、实训任务简介

凤梨酥是中国台湾地区的点心，其特点是馅心采用凤梨制馅，讲新鲜、求精细，制作中不添加膨松剂，靠油脂起酥，成品松酥软糯。本实训任务要求学生掌握混酥面团的制法和烤箱等设备的正确使用方法，能根据不同客情制作其他馅心或规格的凤梨酥，具备一定工艺优化与改良能力，如制作草莓酥。

三、实训任务目标

❶ **素质目标** ①树立文化自信，增强民族自豪感，具有职业理想。②具备检索信息、提炼归纳的能力和创新意识，制作过程中专注、精益求精。

❷ **知识目标** ①能通过查阅资料，简述中国传统凤梨酥的历史文化。②能设计制作方案，叙述混酥面团特性、凤梨酥的制作工艺流程。

❸ **能力目标** ①能通过观看老师示范讲解，根据产品质量标准制作凤梨酥。②能在没有老师指导下，根据具体客情改良品种工艺，具备知识迁移能力。

随堂讨论： 调制凤梨酥面团时如何避免起筋？

四、实训备料参考

类别	用料参考（建议6个）	用量参考/g	工具设备参考	工作方法
混酥面团	低筋面粉	70	工具：凤梨酥模具、擀面杖、刮板、油纸、搅拌机、天平、不锈钢盆、保鲜膜等。设备：烤箱、案板等	面坯调制方法：抄拌、调和。馅心调制方法：炒制
	黄油	60		
	蛋黄	10		
	糖粉	17		
	奶粉	13		
	杏仁粉	12		
馅料	凤梨	250		
	冬瓜	250		
	白砂糖	33		
	麦芽糖	25		
	黄油	10		

五、实训成品特点

成品酥松软糯，表皮金黄油润，底部没有焦斑，酥皮外表完整，形状方正饱满，没有裂口和漏底现象，厚薄均匀，果料粗细适当。

六、实训工艺流程

1. 工具：不粘锅、软刮、砧板、刀、手套、电子秤等。

2. 原料：凤梨、冬瓜、黄油、鸡蛋、低筋面粉、糖粉等。

3. 用炒制法炒制馅心。

4. 用叠压法调制面坯。

5. 用切制法下剂。

6. 用拢上法包馅。

7. 用模具成型法成型。

8. 上火 175 ℃，下火 175 ℃，烤制 15 min 左右即可出锅装盘。

> **行业新工艺**
> 了解凤梨酥自动化生产线。

七、实训任务检测与拓展思考

1. 通过调研，查找凤梨酥的不同造型。

2. 查阅冷链技术相关资料，简述冷链技术在凤梨酥生产中的应用。

3. 层酥面团和混酥面团的调制工艺有什么不同？

课后测试

八、评价指标参考

1 过程评价　过程评价参考《全国职业院校技能大赛赛项规程》烹饪赛项规程（GZ082）。

项　　目		技　术　需　求	分值	得分
职业素养（20分）	着装规范	穿戴干净整洁的工作服、围裙、厨师帽	10	
	操作卫生	能规范地对设备和工具进行整理：关闭设备电源，清洁设备，工具无水迹、无污迹，归类摆放整齐，工作场所整洁明了	10	
品种要求（60分）	口味质感	松酥香甜，有浓郁凤梨味道	30	
	规格要求	无露馅、开裂现象，酥皮外表完整，无僵皮、硬皮，装盘需干净整洁、无碎渣、摆放美观	30	
其他要求（20分）	物料处理	节约原料，物尽其用	10	
	操作时间	在规定的时间内，规范操作，保质保量完成实训操作	10	
➤ 建议采取自评、互评、老师评价方式，并结合行业、企业评价			总分	

2 顾客评价　请顾客填写体验评价表。

请选择您的满意指数（请在 □ 内画 √）	★★★★★ 非常满意	★★★★ 满意	★★★ 一般	★★ 不满意
凤梨酥大小一致、形态美观	□	□	□	□
凤梨酥无裂口和漏底现象	□	□	□	□
凤梨酥皮馅厚薄均匀，无脱壳和空心现象，果料粗细适当	□	□	□	□
凤梨酥表皮金黄油润，底部没有焦斑	□	□	□	□
• 您是否愿意再次选购此产品？	是 □		否 □	
• 您是否愿意把此产品推荐给您的朋友？	是 □		否 □	
• 本产品令您满意的地方				
• 本产品您认为不足的地方				
• 本产品按照每份 10 个，您能接受的价格是　8 元 / 份 □　　10 元 / 份 □　　12 元 / 份 □　　16 元 / 份 □				

顾客的意见和建议：

实训任务 2　广式月饼制作

教学资源

一、课前学习资源与准备

课前学习目标	1. 能简述广式月饼的历史文化传承。 2. 能简述中秋节的由来。 3. 能区分广式月饼与苏式月饼的异同	
课前资源推荐	线上课程	1. 智慧职教平台《中式面点工艺》。 2. 智慧树平台《中式面点制作工艺》
	资料查阅	1. 使用万方数据知识服务平台、中国知网等检索相关的关键词，辅助查阅资料。 2. 通读百度百科"广式月饼"的内容，了解其有关的渊源典故
	视听资料	通过视听平台搜索相关视频
案例导入	**广式月饼的起源** 　　时至今日，工匠精神不再局限于传统手工从业者对作品的精益求精与坚守，在日常生活中，我们也能够真真切切地感受。 　　广式月饼起源于1889年，当时广州城西有家糕酥馆，用莲子熬成莲蓉作为酥饼的馅料，清香可口，大受顾客欢迎。清代光绪年间，这家糕酥馆改名为"连香楼"，莲蓉馅的饼点已定型为现时的月饼。宣统二年(公元1910年)，翰林学士陈太吉品尝该店月饼后大加赞赏，但觉"连香"二字不雅，建议改成"莲香"，并手书了"莲香楼"的招牌，沿用至今。广州市由"莲香楼"开始，各食肆、饼家纷纷仿效生产月饼，出现多种品牌的月饼，广式月饼逐渐闻名海外	
课前检测	扫描边栏二维码，进行课前测试	
课前思考与疑问		

课前测试

二、实训任务简介

广式月饼起源于广州，始于清代，流传至今。其特点是馅心种类繁多，重时令、讲新鲜、求精细。此实训任务以广式月饼的制作工艺为重点，要求学生掌握浆皮面团的调制方法，莲蓉蛋黄的包制方法，烤箱等设备的正确使用方法，能根据不同客情制作其他馅心或规格的广式月饼，具备一定工艺优化与改良能力，如无糖广式月饼的制作。

三、实训任务目标

❶ **素质目标** ①树立文化自信，增强民族自豪感，具有职业理想。②具备信息检索、提炼归纳的能力和创新意识，制作过程中专注，并精益求精。

❷ **知识目标** ①能通过查阅资料，简述传统广式月饼的历史文化。②能设计制作方案，叙述浆皮面团特性、广式月饼制作工艺流程。

❸ **能力目标** ①能通过观看老师的示范讲解，根据产品质量标准制作广式月饼。②能在没有老师指导下，根据具体客情改良品种工艺，具备知识迁移能力。

> **随堂讨论：** 烘烤过程中饼皮开裂的原因是什么？

四、实训备料参考

类　　别	用料参考（建议 3 个）	用 量 参 考
浆皮面团	低筋面粉	210 g
	糖浆	150 g
	花生油	40 g
	陈村枧水	5 g
馅料	莲蓉馅	700 g
	咸鸭蛋黄	30 个

五、实训成品特点

成品油润软糯、软硬一致，表皮金黄油润，底部没有焦斑，皮薄松软，造型美观，图案精致，花纹清晰，厚薄均匀，无脱壳和空心现象，表皮无破损。

六、实训工艺流程

1. 工具：打蛋器、保鲜膜、玻璃碗、电子秤、月饼模具、刮板等。
2. 原料：莲蓉馅、花生油、糖浆、低筋面粉、陈村枧水等。
3. 用搅拌法调制糖浆。
4. 用翻拌法调制面坯。
5. 白酒泡咸鸭蛋黄烤制，上火 180 ℃，下火 170 ℃。
6. 坯皮及馅心成型。
7. 用拢上法包制馅心，用模具成型。
8. 烤制前先喷水，上火 180 ℃，下火 170 ℃，烤制 15 min 左右。用毛刷在表面刷上蛋液后，再回炉烤制上色。
9. 待广式月饼成熟后装盘。

行业新工艺

了解广式月饼自动化生产线。

七、实训任务检测与拓展思考

1. 通过调研，分析各地广式月饼馅料的种类。
2. 如何优化操作工艺，提高月饼生产效率？
3. 查阅广式月饼相关资料，简述实际生活中广式月饼出现的场景。
4. 浆皮面团和水调面团调制工艺有什么不同？

课后测试

八、评价指标参考

❶ 过程评价　过程评价参考《全国职业院校技能大赛赛项规程》烹饪赛项规程（GZ082）。

项　　目		技 术 要 求	分值	得分
职业素养 （20分）	着装规范	穿戴干净整洁的工作服、围裙、厨师帽	10	
	操作卫生	能规范地对设备和工具进行整理：关闭设备电源，清洁设备，工具无水迹、无污迹，归类摆放整齐，工作场所整洁	10	
品种要求 （60分）	口味质感	莲香可口，油润香甜	30	
	规格要求	成品不露馅、不破皮，外表完整，皮薄松软，造型美观，图案精致，花纹清晰；装盘干净整洁、摆放美观	30	
其他要求 （20分）	物料处理	节约原料，物尽其用	10	
	操作时间	在规定的时间内，规范操作，保质保量完成实训操作	10	
➤ 建议采取自评、互评、老师评价方式，并结合行业、企业评价			总分	

❷ 顾客评价　请顾客填写体验评价表。

请选择您的满意指数 （请在 □ 内画 √）	★★★★★ 非常满意	★★★★ 满意	★★★ 一般	★★ 不满意
广式月饼大小一致，形态美观	□	□	□	□
广式月饼馅料甜度适中	□	□	□	□
广式月饼皮馅厚薄均匀，无露馅和空心现象	□	□	□	□
广式月饼表皮金黄油润，底部没有焦斑，图案精致、花纹清晰	□	□	□	□
• 您是否愿意再次选购此产品？	是 □		否 □	
• 您是否愿意把此产品推荐给您的朋友？	是 □		否 □	
• 本产品令您满意的地方				
• 本产品您认为不足的地方				
• 本产品按照每份 3 个，您能接受的价格是　18 元 / 份 □　28 元 / 份 □　38 元 / 份 □　48 元 / 份 □				

顾客的意见和建议：

实训任务 3　苏式月饼制作

一、课前学习资源与准备

课前学习目标	1. 能简述苏式月饼的历史文化。 2. 能简述中秋节吃月饼的寓意。 3. 能区分苏式月饼与广式月饼的异同	
课前资源推荐	线上课程	1. 智慧职教平台《中式面点工艺》。 2. 智慧树平台《中式面点制作工艺》
	资料查阅	1. 使用万方数据知识服务平台、中国知网等检索相关的关键词，辅助查阅资料。 2. 通过微信公众号等了解苏式月饼
	视听资料	1. 荔枝新闻推出的双语微纪录片《非遗有新人》第十集，跟随稻香村传统糕点制作技艺的第六代传承人艾满，在回荡舌尖的月饼鲜香之中，共同感受团圆的味道。 2. 通过视听平台搜索相关视频
案例导入	**苏式月饼的起源** 　　1333 年，元顺帝残暴，老百姓生活疾苦，纷纷起义抗元。朱元璋联合各路反抗力量准备起义，但朝廷官兵搜查得十分仔细，传递消息十分困难。军师刘伯温想出一计策，命令属下把写有"八月十五夜起义"的纸条藏入饼里，再派人分头送到各地起义军中。各路义军掰开月饼，看到纸条，一齐响应。起义军如星火燎原，一举攻陷都城，起义成功了！朱元璋下令将"月饼"作为糕点赏赐给老百姓。从此，每年中秋节，家家吃月饼，这一习俗流传至今。中秋节吃月饼，寓意全家团圆，故中秋节亦称团圆节。	
课前检测	扫描边栏二维码，进行课前测试	
课前思考与疑问		

教学资源

课前测试

二、实训任务简介

苏式月饼起源于苏州，始于唐宋，兴盛于明清时期，流传至今。其特点是馅心种类繁多，重时令、讲新鲜、求精细，制作中不添加泡打粉，靠折叠面皮达到疏松效果。传统椒盐馅苏式月饼的制作，要求学生掌握干油酥、水油皮面团的调制方法，椒盐馅的调制方法，烤箱等设备的正确使用方法，能根据不同客情制作其他馅心或规格的苏式月饼，具备一定工艺优化与改良能力，如无糖苏式月饼制作。

三、实训任务目标

❶ 素质目标 ①树立文化自信，增强民族自豪感，具有职业理想。②具备信息检索、提炼归纳的能力和创新意识，制作过程中专注，精益求精。

❷ 知识目标 ①能通过查阅资料，简述传统苏式月饼的历史文化。②能设计制作方案，叙述暗酥品种面团特性、苏式月饼制作工艺流程。

❸ 能力目标 ①能通过观看老师的示范讲解，根据产品质量标准制作苏式月饼。②能在没有老师指导下，根据具体客情改良品种工艺，具备知识迁移能力。

> **随堂讨论：**举例说明大包酥和小包酥的优缺点。

四、实训备料参考

类别	用料参考（建议 8 个）	用量参考 /g	类别	用料参考（建议 8 个）	用量参考 /g
干油酥面团（每个 14 g）	低筋面粉	87.5	馅料	南瓜子	25
	猪油	17.5		黑芝麻	30
	起酥油	25		熟糯米粉	40
水油皮面团（每个 23 g）	中筋面粉	112.5		白砂糖	45
	猪油	7.5		椒盐	2
	水	65		花生油	50
馅料	核桃仁	40		开水	17
	熟花生仁	40			

五、实训成品特点

成品酥松香甜，表皮金黄油润，圆边洁白，底部没有焦斑，酥皮外表完整，层次清晰不乱，无僵皮、硬皮，形状平整饱满，呈扁鼓形，没有裂口和漏底现象。

六、实训工艺流程

1. 工具：搅拌器、擀面杖、电子秤、盆等。
2. 原料：坚果、中筋面粉、椒盐、猪油等。
3. 烤制坚果后，加入调味品拌和。
4. 馅心成型。
5. 用擦的手法调制干油酥面团。
6. 用揉搓法调制水油皮面团。
7. 小包酥，水油皮包干油酥。
8. 卷酥，小包酥。
9. 用包制法成型。
10. 烤制，上、下火 180 ℃烤制 20 min 左右。
11. 烤制成熟。
12. 成熟后装盘。

行业新工艺

了解苏式月饼批量化生产与储存。

七、实训任务检测与拓展思考

1. 通过调研，分析各地苏式月饼馅料的种类。
2. 如何优化操作工艺以提高苏式月饼批量生产效率？
3. 查阅冷链技术相关资料，简述冷链技术在苏式月饼生产中的应用。
4. 干油酥和水油皮面团调制工艺有什么不同？

课后测试

八、评价指标参考

❶ 过程评价　过程评价参考《全国职业院校技能大赛赛项规程》烹饪赛项规程（GZ082）。

项　　目		技　术　要　求	分值	得分
职业素养 （20分）	着装规范	穿戴干净整洁的工作服、围裙、厨师帽	10	
	操作卫生	能规范地对设备和工具进行整理：关闭设备电源，清洁设备，工具无水迹、无污迹，归类摆放整齐，工作场所整洁	10	
品种要求 （60分）	口味质感	酥松可口、香甜细腻等	30	
	规格要求	制品不露馅、不破酥，酥皮外表完整，层次清晰不乱，无僵皮、硬皮，装盘干净整洁、无碎渣、摆放美观	30	
其他要求 （20分）	物料处理	节约原料，物尽其用	10	
	操作时间	在规定的时间内，规范操作，保质保量完成实训操作	10	
➤ 建议采取自评、互评、老师评价方式，并结合行业、企业评价			总分	

❷ 顾客评价　请顾客填写体验评价表。

请选择您的满意指数 （请在 □ 内画 √）	★★★★★ 非常满意	★★★★ 满意	★★★ 一般	★★ 不满意
苏式月饼大小一致，形态美观	□	□	□	□
苏式月饼层次清晰，互不粘连	□	□	□	□
苏式月饼皮馅厚薄均匀，无脱壳和空心现象，馅料粗细适当	□	□	□	□
苏式月饼皮表皮金黄油润，圆边洁白，底部没有焦斑	□	□	□	□
· 您是否愿意再次选购此产品？	是 □		否 □	
· 您是否愿意把此产品推荐给您的朋友？	是 □		否 □	
· 本产品令您满意的地方				
· 本产品您认为不足的地方				
· 本产品按照每份 10 个，您能接受的价格是	16 元 / 份 □　24 元 / 份 □　32 元 / 份 □　40 元 / 份 □			

顾客的意见和建议：

实训任务 4 枣花酥制作

课前学习目标	1. 能简述枣花酥的传统故事，了解枣花酥的其他名称。 2. 能简述枣花酥的起源与发展。 3. 能简述枣花酥的寓意	
课前资源推荐	线上课程	1. 智慧职教平台《中式面点工艺》。 2. 智慧树平台《中式面点制作工艺》
	资料查阅	使用万方数据知识服务平台、中国知网等检索相关的关键词，辅助查阅资料
	视听资料	1. 通过视频《非遗美食：北京东城区非遗美食——稻香村枣花酥》来了解其制作文化。 2. 通过视听平台搜索相关视频
案例导入	**枣花酥的起源** 对于"食不厌精，脍不厌细"这句话的正确理解，其核心在于"诚""敬"二字，而非很多人望文生义解读出来的单纯追求食材挑选和烹饪技巧上的精细奢华。 枣花酥又称枣泥酥，是一道由酥油、糖粉等食材制成的传统点心。它起源于清代中后末年，原本是清皇室婚丧典礼必不可少的礼品和摆盘，后来才传入民间，成为旧时北京人探亲访友赠送的"京八件"之一。枣花酥以枣为馅，以一朵盛开八瓣的枣花为形，形味俱佳	
课前检测	扫描边栏二维码，进行课前测试	
课前思考与疑问		

教学资源

课前测试

67

二、实训任务简介

枣花酥起源于北京，盛于清代，流传至今。其特点是选用金丝小枣来制作馅心，讲新鲜、求精细。枣花酥的制作，要求学生掌握水油皮面团和干油酥面团的调制方法、枣泥馅的包制方法、烤箱等设备的正确使用方法，能根据不同客情制作其他馅心或样式的酥皮点心，具备一定工艺优化与改良能力，如佛手酥的制作。

三、实训任务目标

❶ 素质目标　①树立文化自信，增强民族自豪感，具有职业理想。②具备信息检索、提炼归纳的能力和创新意识，制作过程中专注，并精益求精。

❷ 知识目标　①能通过查阅资料，简述传统枣花酥的历史文化。②能设计制作方案，叙述水油皮和干油酥面团特性、枣花酥制作工艺流程。

❸ 能力目标　①能通过观看老师的示范讲解，根据产品质量标准制作枣花酥。②能在没有老师指导下，根据具体客情改良品种工艺，具备知识迁移能力。

> **随堂讨论：**制作枣花酥时采用小包酥的优缺点是什么？

四、实训备料参考

用料参考（建议 10 个）		用量参考 /g
水油皮面团	中筋面粉	90
	细砂糖	12
	水	36
	猪油	32
	红曲粉	2
干油酥面团	猪油	36
	中筋面粉	72
馅料	枣泥馅	200

五、实训成品特点

成品酥松软糯，表皮白润，皮薄松软，底部没有焦斑，造型美观，酥层清晰，花型精致。

六、实训工艺流程

1. 工具：保鲜膜、筷子、刀片、擀面杖、电子秤等。

2. 原料：红曲粉、猪油、枣泥馅、中筋面粉等。

3. 用擦的手法调制干油酥面团。

4. 用揉的手法调制水油皮面团并下剂。

5. 小包酥，水油皮包干油酥。

6. 包制枣泥馅。

7. 中间用擀面杖定型。

8. 用刀片割瓣。

9. 均匀割8刀。

10. 翻花瓣。

11. 烤制，上、下火180 ℃烤制18 min。

12. 成熟后装盘。

行业新工艺

了解枣花酥自动化生产线。

七、实训任务检测与拓展思考

1. 通过调研，分析各地枣花酥馅料有哪些种类。
2. 如何优化操作工艺以提高枣花酥生产效率？
3. 查阅枣花酥相关资料，简述枣花酥在实际生活中的应用。

八、评价指标参考

❶ **过程评价**　过程评价参考《全国职业院校技能大赛赛项规程》烹饪赛项规程（GZ082）。

项　目		技　术　要　求	分值	得分
职业素养 （20分）	着装规范	穿戴干净整洁的工作服、围裙、厨师帽	10	
	操作卫生	能规范地对设备和工具进行整理：关闭设备电源，清洁设备，工具无水迹、无污迹，归类摆放整齐，工作场所整洁	10	
品种要求 （60分）	口味质感	酥松香甜	30	
	规格要求	成品表皮白润，皮薄松软，底部没有焦斑，造型美观，酥层清晰，花型精致	30	
其他要求 （20分）	物料处理	节约原料，物尽其用	10	
	操作时间	在规定的时间内，规范操作，保质保量完成实训操作	10	
➤ 建议采取自评、互评、老师评价方式，并结合行业、企业评价			总分	

❷ **顾客评价**　请顾客填写体验评价表。

请选择您的满意指数 （请在 □ 内画 √）	★★★★★ 非常满意	★★★★ 满意	★★★ 一般	★★ 不满意
枣花酥大小一致，形态美观	□	□	□	□
枣花酥馅料甜度适中	□	□	□	□
枣花酥皮馅厚薄均匀，无脱壳和空心现象	□	□	□	□
枣花酥表皮白润，圆边洁白，底部没有焦斑	□	□	□	□
• 您是否愿意再次选购此产品？	是 □		否 □	
• 您是否愿意把此产品推荐给您的朋友？	是 □		否 □	
• 本产品令您满意的地方				
• 本产品您认为不足的地方				
• 本产品按照每份 10 个，您能接受的价格是　8 元／份 □　12 元／份 □　16 元／份 □　20 元／份 □				
顾客的意见和建议：				

Note

实训任务 5　莲藕酥制作

教学资源

一、课前学习资源与准备

课前学习目标	1. 能类比与莲藕酥同类型的品种。 2. 能简述明酥点心的应用范围。 3. 能阐述莲藕酥的寓意	
课前资源推荐	线上课程	1. 智慧职教平台《中式面点工艺》。 2. 智慧树平台《中式面点制作工艺》
	资料查阅	1. 使用万方数据知识服务平台、中国知网等检索相关的关键词，辅助查阅资料。 2. 通读相关文章了解莲藕酥的渊源
	视听资料	1. 真正的美食一定是秀外慧中、内外兼修的，尤其是中华特色点心明酥，可以说明酥不仅是美食，更是一种艺术。 2. 通过视听平台搜索相关视频
案例导入	莲藕酥是浙江杭州著名的传统小吃。莲藕是一种生长在泥沼中的植物。在生长过程中，莲藕需要不断地吸取水和养分，同时还需要抵御各种外部环境的影响。莲藕的茎叶和花朵都是清新高雅的代表，尤其是莲花，更是古代文人墨客所喜爱的文化符号之一。因此，莲藕酥象征着纯净、高雅、清新的精神，这种精神可以启迪人们的心灵，让人们更好地追求自己的梦想	
课前检测	扫描边栏二维码，进行课前测试	
课前思考与疑问		

课前测试

Note

二、实训任务简介

莲藕酥的制作，要求学生掌握水油皮面团的调制方法，明酥的炸制方法，油温测量等设备的正确使用方法，能根据不同客情制作其他馅心或规格的莲藕酥，具备一定工艺优化与改良能力，如无糖莲藕酥的制作。

三、实训任务目标

❶ 素质目标 ①树立文化自信，增强民族自豪感，具有职业理想。②具备信息检索、提炼归纳的能力和创新意识，制作过程中专注，并精益求精。

❷ 知识目标 ①能通过查阅资料，简述传统莲藕酥的历史文化。②能设计制作方案，能叙述水油皮面团特性、莲藕酥制作工艺流程。

❸ 能力目标 ①能通过观看老师的示范讲解，根据产品质量标准制作莲藕酥。②能在没有老师的指导下，根据具体客情改良品种工艺，具备知识迁移能力。

> 随堂讨论：炸制温度的高低会对成品造成哪些影响？

四、实训备料参考

用料参考（建议 15 个）		用量参考
水油皮面团	面粉（低筋面粉）	152 g
	起酥油	17 g
	水	92 g
干油酥面团	面粉（低筋面粉）	10 g
	起酥油	60 g
馅料	莲蓉馅	80 g
其他原料	海苔	1 张
	鸡蛋	1 个
	色拉油	1500 g

五、实训成品特点

成品酥松香甜，表皮洁白油润，整体层次分明、造型美观、花纹清晰。

六、实训工艺流程

1. 工具：电磁炉、筷子、油刷、刀片、篦子、双耳锅、电子秤等。

2. 原料：莲蓉馅、猪油、色拉油、中筋面粉、黑芝麻、海苔、鸡蛋等。

3. 用擦的手法调制干油酥。

4. 用揉制法调制水油皮面团。

5. 干油酥擀成长方状。

6. 大包酥，水油皮面团包干油酥。

7. 叠酥，叠"三"后擀开，再叠，共叠4次。

8. 刷蛋清组装。

9. 成型，装饰。

10. 刷蛋液绑海苔。

11. 140 ℃炸制。

12. 成熟后装盘。

行业新工艺

了解圆酥制作技术。

Note

七、实训任务检测与拓展思考

1. 通过调研，分析总结各地明酥类品种常出现在哪些场合。

2. 如何优化操作工艺以提高莲藕酥生产效率？

3. 查阅明酥相关资料，简述明酥在实际生活中的应用。

4. 明酥的种类有哪些？简述不同种类间的区别。

八、评价指标参考

❶ **过程评价**　过程评价参考《全国职业院校技能大赛赛项规程》烹饪赛项规程（GZ082）。

项　　目		技　术　要　求	分值	得分
职业素养 （20分）	着装规范	穿戴干净整洁的工作服、围裙、厨师帽	10	
	操作卫生	能规范地对设备和工具进行整理：关闭设备电源，清洁设备，工具无水迹、无污迹，归类摆放整齐，工作场所整洁	10	
品种要求 （60分）	口味质感	酥松香甜	30	
	规格要求	制品不露馅、不破皮，外表完整，造型美观、精致，层次分明，装盘干净整洁、摆放美观	30	
其他要求 （20分）	物料处理	节约原料，物尽其用	10	
	操作时间	在规定的时间内，规范操作，保质保量完成实训操作	10	
➤ 建议采取自评、互评、老师评价的方式，并结合行业、企业评价			总分	

❷ **顾客评价**　请顾客填写体验评价表。

请选择您的满意指数 （请在 □ 内画 √）	★★★★★ 非常满意	★★★★ 满意	★★★ 一般	★★ 不满意
莲藕酥大小一致，形态美观	□	□	□	□
莲藕酥馅料甜度适中	□	□	□	□
莲藕酥层次分明，无粘连现象	□	□	□	□
莲藕酥表皮洁白，没有露馅现象	□	□	□	□
• 您是否愿意再次选购此产品？	是 □		否 □	
• 您是否愿意把此产品推荐给您的朋友？	是 □		否 □	
• 本产品令您满意的地方				
• 本产品您认为不足的地方				
• 本产品按照每份 10 个，您能接受的价格是　8 元 / 份 □　　10 元 / 份 □　　12 元 / 份 □　　16 元 / 份 □				
顾客的意见和建议：				

Note

实训任务 6　榴莲酥制作

一、课前学习资源与准备

课前学习目标	1. 能明确榴莲酥所属种类。 2. 能简述擘酥的发明由来。 3. 能体会并阐述榴莲酥的寓意	
课前资源推荐	线上课程	1. 智慧职教平台《中式面点工艺》。 2. 智慧树平台《中式面点制作工艺》
	资料查阅	1. 使用万方数据知识服务平台、中国知网等检索相关的关键词，辅助查阅资料。 2. 查询擘酥面团的有关内容
	视听资料	1. 擘酥是地地道道的中国面点，不是西式面点，广州的面点师傅融合现有技艺，做出了岭南酥，再经演化做出了擘酥。 2. 通过视听平台搜索相关视频
案例导入	**合理处理厨余垃圾** 　　榴莲酥是使用擘酥方法制作的一款酥点。榴莲酥起源于广州，始于清代，流传至今，属层酥面坯中的擘酥。擘酥皮是广式面点中具代表性的层酥类面点皮，其成品具有口感酥化、层次清晰、色泽金黄、味随馅定、中点西做的特点。榴莲酥使用的原料是榴莲果肉，剩余的榴莲皮较多，这些榴莲皮要怎样处理才能既环保又经济呢？ 　　新加坡是榴莲的主要进口国，他们回收榴莲壳后，提取出榴莲壳中的纤维素，制成软凝胶，进行灭菌处理后做成创可贴。这种创可贴不仅可以降解，而且可以减少固体浪费。榴莲壳这种看起来毫无用处的东西，经过合理的技术处理，能发挥新的效用。为了保护环境，加强资源的可持续利用，作为餐饮人，我们应该合理投放利用垃圾，节约有用资源，减少浪费	
课前检测	扫描边栏二维码，进行课前测试	
课前思考与疑问		

二、实训任务简介

榴莲酥起源于广州，始于清代，流传至今，属层酥面团中的擘酥。擘酥皮是广式面点中非常具代表性的层酥类皮，其成品具有口感酥化、层次清晰、色泽金黄、味随馅定、中点西做的特点。本实训任务要求学生掌握擘酥面团的调制方法、榴莲馅的包制方法，具备一定工艺优化与改良能力，如红豆派的制作。

三、实训任务目标

❶ **素质目标**　①树立文化自信，增强民族自豪感，具有职业理想。②具备信息检索、提炼归纳的能力和创新意识，制作过程中专注，并精益求精。

❷ **知识目标**　①能通过查阅资料，简述广东擘酥的历史文化。②能设计制作方案，叙述擘酥面团特性、榴莲酥制作工艺流程。

❸ **能力目标**　①能通过观看老师的示范讲解，根据产品质量标准制作榴莲酥。②能在没有老师的指导下，根据具体客情改良品种工艺，具备知识迁移能力。

随堂讨论：榴莲酥与其他油酥制品的区别有哪些？

四、实训备料参考

用料参考（建议 30 个）		用量参考 /g
水油皮面团	面粉（中筋面粉）	225
	鸡蛋	25
	黄油	32
	白砂糖	30
	水	125
干油酥面团	面粉（低筋面粉）	225
	起酥油	100
	猪油	150
	黄油	100
馅料	榴莲	200

五、实训成品特点

成品油润软糯、软硬一致，表皮金黄油润、底部没有焦斑，皮薄松软、造型美观、层次清晰。

六、实训工艺流程

1. 工具：电子秤、擀面杖、毛刷、刀片、刮板等。
2. 原料：黄油、猪油、鸡蛋、榴莲、中筋面粉等。
3. 用擦的手法调制干油酥。
4. 用揉搓法调制水油皮面团。
5. 干油酥擀制成长方形。
6. 擀酥叠酥，3叠3次。

7. 分割面坯。
8. 用挤注法填馅。
9. 对角压制成型。
10. 烤制，上、下火185℃，烤制25 min。
11. 烤制成熟。
12. 成熟后装盘。

➡ **行业新工艺**
了解榴莲酥自动化生产线。

七、实训任务检测与拓展思考

1. 通过调研，分析还可利用擘酥制作哪些品种。
2. 如何优化操作工艺以提高榴莲酥生产效率？
3. 查阅榴莲酥相关资料，简述榴莲酥在实际生活中的应用。
4. 擘酥面团和其他层酥面团在调制工艺上有什么不同？

课后测试

77

八、评价指标参考

❶ 过程评价　过程评价参考《全国职业院校技能大赛赛项规程》烹饪赛项规程（GZ082）。

项　目		技　术　要　求	分值	得分
职业素养（20分）	着装规范	穿戴干净整洁的工作服、围裙、厨师帽	10	
	操作卫生	能规范地对设备和工具进行整理：关闭设备电源，清洁设备，工具无水迹、无污迹，归类摆放整齐，工作场所整洁	10	
品种要求（60分）	口味质感	能依据擘酥面团品种质量标准（油润香甜），采用感官鉴定方法对成品外观、质感及口感等进行质检	30	
	规格要求	制品不露馅、不破皮，外表完整，皮薄松软、造型美观、层次清晰，装盘干净整洁、摆放美观	30	
其他要求（20分）	物料处理	节约原料，物尽其用	10	
	操作时间	在规定的时间内，规范操作，保质保量完成实训操作	10	
➤ 建议采取自评、互评、老师评价方式，并结合行业、企业评价			总分	

❷ 顾客评价　请顾客填写体验评价表。

请选择您的满意指数（请在 □ 内画 √）	★★★★★ 非常满意	★★★★ 满意	★★★ 一般	★★ 不满意
榴莲酥大小一致，形态美观	□	□	□	□
榴莲酥馅料甜度适中	□	□	□	□
榴莲酥皮馅厚薄均匀，无脱壳和空心现象	□	□	□	□
榴莲酥表皮金黄油润，底部没有焦斑	□	□	□	□
• 您是否愿意再次选购此产品？	是 □		否 □	
• 您是否愿意把此产品推荐给您的朋友？	是 □		否 □	
• 本产品令您满意的地方				
• 本产品您认为不足的地方				
• 本产品按照每份 10 个，您能接受的价格是　10元/份 □　20元/份 □　30元/份 □　40元/份 □				

顾客的意见和建议：

实训任务 7　黄桥烧饼制作

教学资源

一、课前学习资源与准备

课前学习目标		1. 了解黄桥烧饼背后的红色精神。 2. 能简述黄桥烧饼的起源与典故。 3. 能阐述黄桥烧饼的深层寓意
课前资源推荐	线上课程	1. 智慧职教平台《中式面点工艺》。 2. 智慧树平台《中式面点制作工艺》
	资料查阅	1. 使用万方数据知识服务平台、中国知网等检索相关的关键词，辅助查阅资料。 2. 通过互联网检索"黄桥烧饼"，了解其起源与典故
	视听资料	1. 搜索学习《黄桥烧饼歌》。 2. 通过视听平台搜索相关视频
案例导入		**黄桥烧饼的起源历史** 　　黄桥烧饼起源于江苏省黄桥镇，它之所以出名，是因为与著名的黄桥战役紧密相关。在陈毅、粟裕等直接指挥下的黄桥战役打响后，黄桥镇 12 农磨坊的 60 只烧饼炉，日夜赶做烧饼。镇外战火纷飞，镇内炉火通红，当地群众冒着敌人的炮火把烧饼送到前线阵地，谱写了一曲军爱民、民拥军的壮丽凯歌。 　　时隔 30 余年，1975 年 5 月，粟裕将军重返黄桥镇，黄桥镇人民仍用黄桥烧饼盛情款待他，他手捧烧饼，激动地勉励大家说："从黄桥烧饼我们看到了军民的鱼水深情，我们要继续发挥革命传统，争取更大光荣。"
课前检测		扫描边栏二维码，进行课前测试
课前思考与疑问		

课前测试

二、实训任务简介

黄桥烧饼的特点是层次清晰，满口留香，重原料，求精细。黄桥烧饼被评为中华名小吃，曾被选入国宴，先后荣获"天下第一饼""中华第一饼"等称号。黄桥烧饼的制作，要求学生掌握酵面酥皮的调制方法，馅料的包制方法，烤箱等设备的正确使用方法，具备一定工艺优化与改良能力。

三、实训任务目标

❶ **素质目标**　①树立文化自信，增强民族自豪感，具有职业理想。②具备信息检索、提炼归纳能力和创新意识，制作过程中专注，并精益求精。

❷ **知识目标**　①能通过查阅资料，简述黄桥烧饼的历史文化。②能设计制作方案，叙述酵面酥皮面团的特性、黄桥烧饼制作工艺流程。

❸ **能力目标**　①能通过观看老师的示范讲解，根据产品质量标准制作黄桥烧饼。②能在没有老师的指导下，根据具体客情改良品种工艺，具备知识迁移能力。

> **随堂讨论：** 酵面酥皮和水油皮面团有哪些区别？

四、实训备料参考

用料参考（建议 11 个）		用量参考 /g
酵面酥皮	面粉（中筋面粉）	250
	白砂糖	20
	酵母	4
	泡打粉	2
	食用油（油酥）	50
馅料	盐	15
	花椒粉	3
	去皮白芝麻（装饰）	100
	鸡蛋（装饰）	50

五、实训成品特点

成品酥松咸香、层次清晰、色泽金黄，酥层厚薄均匀，外观呈鼓状圆形，表皮无破损。

六、实训工艺流程

1. 工具：电磁炉、不锈钢盆、擀面杖、电子秤等。
2. 原料：中筋面粉、花椒粉、鸡蛋、盐、酵母等。
3. 热油，炸油酥。
4. 用揉制法调制发酵面团。
5. 将面坯擀成长方形片。
6. 将油酥均匀涂抹在面坯上。
7. 用卷制法将油酥卷起。
8. 将卷好的油酥搓成长条。
9. 叠酥成型。
10. 滚粘芝麻。
11. 烤制，上火250 ℃，下火220 ℃，烤制20 min左右。
12. 成熟后装盘。

行业新工艺
了解黄桥烧饼自动化生产线。

七、实训任务检测与拓展思考

1. 通过调研，分析各地黄桥烧饼的馅料有何异同。
2. 如何优化操作工艺以提高烧饼生产效率？
3. 查阅黄桥烧饼相关资料，简述黄桥烧饼在实际生活中的应用。
4. 酵面酥皮面团和水油皮面团在调制工艺上有什么不同？

课后测试

八、评价指标参考

❶ 过程评价 过程评价参考《全国职业院校技能大赛赛项规程》烹饪赛项规程（GZ082）。

项　目		技　术　要　求	分值	得分
职业素养 （20分）	着装规范	穿戴干净整洁的工作服、围裙、厨师帽	10	
	操作卫生	能规范地对设备和工具进行整理：关闭设备电源，清洁设备，工具无水迹、无污迹，归类摆放整齐，工作场所整洁	10	
品种要求 （60分）	口味质感	能依据酵面酥皮品种质量标准（酥松可口、层次清晰），采用感官鉴定方法对成品外观、质感及口感等进行质检	30	
	规格要求	制品不破皮、外表完整，皮薄松软、造型美观，装盘干净整洁、摆放美观	30	
其他要求 （20分）	物料处理	节约原料，物尽其用	10	
	操作时间	在规定的时间内，规范操作，保质保量完成实训操作	10	
➤ 建议采取自评、互评、老师评价方式，并结合行业、企业评价			总分	

❷ 顾客评价 请顾客填写体验评价表。

请选择您的满意指数 （请在 □ 内画 √）	★★★★★ 非常满意	★★★★ 满意	★★★ 一般	★★ 不满意
黄桥烧饼大小一致，形态美观	□	□	□	□
黄桥烧饼馅料咸度适中	□	□	□	□
黄桥烧饼酥层清晰，口感香酥	□	□	□	□
黄桥烧饼表皮金黄油润，底部没有焦斑	□	□	□	□
• 您是否愿意再次选购此产品？	是 □		否 □	
• 您是否愿意把此产品推荐给您的朋友？	是 □		否 □	
• 本产品令您满意的地方				
• 本产品您认为不足的地方				
• 本产品按照每份 10 个，您能接受的价格是　10 元 / 份 □　20 元 / 份 □　30 元 / 份 □　40 元 / 份 □				
顾客的意见和建议：				

米制品面团品种实训

一、总体实训目标

（一）素质目标

（1）具有识产品、知文化的素质及良好的职业素养。

（2）具备劳动意识和创新意识。

（二）知识目标

（1）了解中国传统米制品面团品种的饮食文化和精神内涵。

（2）掌握掺粉的作用和方法。

（3）掌握米制品面团品种的质量判断方法。

（4）熟悉米制品品种的制作工艺流程。

（三）能力目标

（1）能够制作粽子、年糕、汤圆、松糕等常见品种。

（2）能够对米制品面团品种的配方、工艺进行合理的调整和创新。

二、实训项目概览

米制品面团是指以稻米、稻米碾磨成的粉和水为主要原料，适当添加其他辅助原料制成的面点。根据成品的质地、性状等属性，米制品面团可以分为米类制品、米粉类制品和特色粉条类制品3种。

类　别			成　品　特　点	代　表　品　种
米类面团	煮米团	米饭	成品中米的粒形清晰可见	大米饭、豆饭等
		粥品		皮蛋瘦肉粥、腊八粥、桂圆莲子粥、状元及第粥等
	蒸米团	干蒸米团	米粒松爽，软糯适度，容易保持形态	三角粽、八宝饭等
		饭皮米团	米粒糯性大，有一定的黏性和韧性	艾窝窝、芝麻凉卷、双色凉糕等

续表

类　别			成 品 特 点	代 表 品 种
米粉类面团	糕类粉团	松质糕团	松软、多孔、无大块粘连	白松糕、重阳糕等
		黏质糕团	成品入口软糯，韧性大、黏性足	年糕等
	团类粉团	生粉团	成品颜色洁白，软硬适中	汤圆、珍珠咸水角、艾叶糍粑（青团）等
		熟粉团	成品颜色较暗，糯性较强	三鲜米饺
	发酵粉团		成品体积稍大，有细小的蜂窝，口感黏软适口	米发糕
特色粉条类面团			成品呈条状，嫩滑爽口，口味独特	湖南米粉、广东肠粉、云南米线、广西螺蛳粉等

三、项目素质目标一览表

序　号	品　　种	关键素质目标	关键词与句
1	粽子制作	忧国忧民	怀民族大义，拳拳报国之心
2	重阳糕制作	家国情怀	小孝孝于家，大孝忠于国
3	年糕制作	审美鉴赏	美润于食，形显于器，探寻美点永无止境
4	汤圆制作	创新意识	精于食材，新于工艺，以不变应万变
5	米发糕制作	品德素养	尊师爱徒，传承创新
6	螺蛳粉制作	工匠精神	以匠心为底蕴，以技艺做传承

四、实训任务一览表

类　　别		实 训 内 容	适应职业技能等级考核	适合技能竞赛
米类面团品种制作	蒸米团	粽子制作	**初**/中/高	
米粉类面团品种制作	松质糕团	重阳糕制作	初/**中**/高	
	黏质糕团	年糕制作	初/**中**/高	
	生粉团	汤圆制作	**初**/中/高	
	发酵粉团	米发糕制作	初/**中**/高	
特色粉条类面团品种制作		螺蛳粉制作	初/中/**高**	√

一、课前学习资源与准备

教学资源

课前学习目标	1. 了解稻米文化。 2. 能够简述粽子的历史。 3. 能够区分南北方粽子的不同	
课前资源推荐	线上课程	1. 智慧职教平台《中式面点工艺》。 2. 智慧树平台《中式面点制作工艺》
	资料查阅	使用万方数据知识服务平台、中国知网等检索相关的关键词，查阅以下资料： 1. 粽子的起源、历史、种类、制作工艺及寓意。 2. 中国古代粽子形制演变与食法。 3. 不同粽叶对粽子品质的影响
	视听资料	1. 中央电视台纪录片《舌尖上的中国》有关粽子的内容。 2. 线上关注中国共产党第一次全国代表大会纪念馆中"真理的味道"展区。 3. 通过视听平台搜索相关视频
案例导入	**真理的味道是甜的** 　　1920 年，陈望道先生带着两个版本的《共产党宣言》回到了他的家乡，在自家的一个柴房专心致志地开始了翻译工作。南方的早春，又潮又冷，非常难受，柴房里四面通风，陈望道先生的母亲就灌了一个汤婆子给他取暖，又怕他饿着，就煮了几个粽子给他送来，旁边放了一小碟水糖，让他趁热赶快吃。过了一会儿，他母亲听到柴房没有动静，就过来问道："望道，你吃了没有啊？糖够不够？"结果一进来吓了一跳，她看见陈望道先生满嘴都是墨汁，"你怎么了？"陈望道先生拿起镜子一看，母子俩相视，哈哈大笑。原来他精神高度集中，错把墨汁当成水糖蘸着吃了。白米粽配墨鱼红糖汁这道菜品的灵感就来源于陈望道先生专注于工作，用粽子蘸墨汁却食而不觉的故事。陈望道先生这种废寝忘食、专注于工作的精神也是面点师必不可少的职业精神	
课前检测	扫描边栏二维码，进行课前测试	
课前思考与疑问		

课前测试

Note

二、实训任务简介

　　粽子又称角黍、筒粽。粽子因纪念屈原的爱国精神，而成为端午节必不可少的一种节日符号和情感载体。其凝聚着中国传统文化的精神，这种精神早已存续于人心，存续于中华民族的文化基因之中。粽子在一定程度上成为中国稻米文化的象征，被誉为"饮食文化的代表，对外交流的使者"。本实训任务以甜粽为例，要求学生在掌握粽子制作的基本方法和操作关键，同时，能够根据地方特色进行工艺优化与改良。

三、实训任务目标

　　❶ **素质目标**　①通过学习粽子文化，树立饮食文化自信。②通过品种优化与改良，培养创新意识。

　　❷ **知识目标**　①了解粽子的历史文化。②熟悉粽子的制作工艺。

　　❸ **能力目标**　①掌握糯米、粽叶等原料的辨认方法。②掌握包粽子的手法。③能够根据地方特色进行粽子馅心等工艺的优化与改良。

> **随堂讨论：** 阳老师安排学生用两种不同的方法煮粽子，一种是用冷水煮，另一种是用热水煮，请问这两种方法煮出来的粽子有什么不同？

四、实训备料参考

用料参考（建议 25 个）		用量参考
面团	糯米	1000 g
	红豆	150 g
馅料	红枣	200 g
调味品	白砂糖	适量
其他	粽叶	100 张
	20 cm 长的棉线	50 根

五、实训成品特点

　　成品粽香扑鼻，入口香糯而不黏腻，甜度适中。

六、实训工艺流程

1 2 3
4 5 6
7 8 9

1. 粽叶清洗干净后焯水沥干备用。

2. 糯米、红枣、红豆浸泡后沥干水分，糯米内放两三勺白砂糖拌匀，再将糯米和红豆混匀。

3. 选两片大小差不多的粽叶重叠后折成漏斗状。

4. 在漏斗内舀上一勺糯米和红豆，再放入2～3颗红枣。

5. 糯米和红豆不要舀得太满，八九成满即可。

6. 将粽叶顺起折点折起。

7. 将两底角同样顺着折点折下去窝起。

8. 手握粽子，将粽叶从右侧平齐贴紧粽身，然后用手抓牢粽子，全部操作完后下一步就是缠粽绳。

9. 抓紧粽子，从一端开始一圈圈地缠绕到另一端，系紧即可。

七、实训任务检测与拓展思考

1. 近期，热门的中西合璧的"牛排粽"如何制作？

2. 结合预制菜企业的要求，如何优化操作工艺以生产"新鲜如现包"的冷藏粽？

3. 查阅相关资料，探索其他不同米类食材（如西米）和多种、多层颜色粽子的制作工艺。

4. 关于粽子包装"瘦身"的新的国家标准有哪些？这样规定的目的是什么？

课后测试

Note

八、评价指标参考

❶ **过程评价**　过程评价参考中式面点师职业技能等级认定评分标准。

项　　目		技 术 要 求	分值	得分
职业素养 （20分）	着装规范	穿戴干净整洁的工作服、围裙、厨师帽	10	
	操作卫生	实训卫生达标，操作台面整洁，工具摆放规范有序	10	
品种要求 （60分）	产品数量	25 个或达到实训考核规定	20	
	规格要求	捆扎结实，造型美观	20	
	成品口感	成品粽香扑鼻，入口香糯而不黏腻，甜度适中	20	
其他要求 （20分）	物料处理	节约原料，物尽其用	10	
	操作时间	以小组为单位，30 min 内完成，规范操作，保质保量完成	10	
➢ 建议采取自评、互评、老师评价方式，并结合行业、企业评价			总分	

❷ **顾客评价**　请顾客填写体验评价表。

请选择您的满意指数 （请在 □ 内画 √）	★★★★★ 非常满意	★★★★ 满意	★★★ 一般	★★ 不满意
粽子外形规整，形态美观	□	□	□	□
粽子甜而不腻，糯而不黏	□	□	□	□
粽子馅心丰富多彩，甜度适中	□	□	□	□
粽子装盘美观、大方、干净	□	□	□	□
· 您是否愿意再次选购此产品？	是 □		否 □	
· 您是否愿意把此产品推荐给您的朋友？	是 □		否 □	
· 本产品令您满意的地方				
· 本产品您认为不足的地方是				
· 本产品按照每份 2 个，您能接受的价格是　3 元 / 份 □　5 元 / 份 □　8 元 / 份 □　10 元 / 份 □				

顾客的意见和建议：

实训任务 2　重阳糕制作

一、课前学习资源与准备

教学资源

课前学习目标	1. 了解松质糕团的品种和历史。 2. 能够简述重阳糕的历史。 3. 能够阐述重阳糕的寓意	
课前资源推荐	线上课程	1. 智慧职教平台《中式面点工艺》。 2. 智慧树平台《中式面点制作工艺》
	资料查阅	使用万方数据知识服务平台、中国知网等检索相关的关键词，查阅以下资料： 1. 中国重阳文化的来源、内涵、特点。 2. 重阳节俗的历史与当代价值
	视听资料	1. 中央电视台纪录片《餐桌上的节日》重阳糕。 2. 通过视听平台搜索相关视频
案例导入	**尊老敬老，重阳吃糕** 　　由王维的《九月九日忆山东兄弟》"独在异乡为异客，每逢佳节倍思亲。遥知兄弟登高处，遍插茱萸少一人"可见，重阳登高和插茱萸之风唐代最盛。重阳节还是祭祀祖先和神灵的重要节日，重阳糕是其中的重要祭品，以祈祷五谷丰登、六畜兴旺、风调雨顺、国泰民安。孝文化是极具中国特色的优秀传统文化，它主要体现在孝老、尊老、敬老、赡老、爱老等诸多方面。重阳节举行敬老、尊老、爱老、养老等活动，如拜望老人、给老人送礼物等，其中重阳糕是必不可少的一种送礼佳品。重阳糕文化主要指重阳节做重阳糕、吃重阳糕、赠重阳糕的民俗。各地重阳糕具有不同的地域特色，也有不同的制作技艺。吃重阳糕应先老后少	
课前检测	扫描边栏二维码，进行课前测试	
课前思考与疑问		

课前测试

Note

89

二、实训任务简介

重阳糕又称花糕、菊花糕。重阳糕是标志性的重阳符号，它不仅是人们味蕾的调剂，更因"糕"和"高"谐音，寓意步步高升。重阳糕的制作和品食，有利于厚植我国尊老敬老的社会道德风尚，也有利于展示中华文化的独特魅力。本实训任务以重阳糕为例，要求学生在掌握重阳糕制作中掺粉、拌粉、夹粉的基本方法和操作关键的同时，能够根据地方特色进行工艺优化与改良。

三、实训任务目标

❶ 素质目标　①通过学习重阳糕文化树立饮食文化自信。②通过品种优化与改良，培养创新意识。

❷ 知识目标　①了解重阳糕的历史文化。②熟悉重阳糕的制作工艺。

❸ 能力目标　①掌握掺粉、拌粉、夹粉等工艺的操作关键。②学会重阳糕拌粉的检验方法。③能够根据地方特色进行重阳糕的优化与改良。

> 随堂讨论：某小组同学制作的重阳糕，看起来表面软熟，吃起来却有夹生现象，这是什么原因呢？

四、实训备料参考

用料参考（建议 15 小块）		用量参考 /g
面团	糯米粉	300
	粳米粉	200
	细砂糖	100
	清水	160
辅料	豆沙馅	45
	红枣	20
	葡萄干	20

五、实训成品特点

成品香甜松软，色泽美观。

六、实训工艺流程

1. 掺粉：将糯米粉、粳米粉、细砂糖混合。

2. 拌粉：分次加水拌和，将混合后的糕粉搓散，并静置 15 min。

3. 夹粉：将糕粉倒入细筛内，用手擦筛，使之成粉粒状。

4. 用刮板将糕粉铲入锡纸盏，加至锡纸盏的一半。

5. 铺上一层豆沙馅。

6. 再用刮板铲一部分糕粉，将锡纸盏铺满。

7. 用刮板将糕粉表面刮平整。

8. 糕粉表面嵌入红枣和葡萄干。

9. 将装满糕粉的锡纸盏放入蒸笼里，旺火沸水蒸 15 min 即可。

七、实训任务检测与拓展思考

　　1. 拌粉时水的量对松质糕团类制品的品质有何影响？

　　2. 当糯米粉与粳米粉比例分别为 2 ∶ 1、3 ∶ 2 和 1 ∶ 1 时，由其制成的重阳糕在口感上有什么不同？

　　3. 重阳节有饮菊花酒的习俗，请设计一款具有菊花香气和口感的重阳糕。

课后测试

Note

91

八、评价指标参考

❶ 过程评价　过程评价参考中式面点师职业技能等级认定评分标准。

项　　目		技　术　要　求	分值	得分
职业素养 （20分）	着装规范	穿戴干净整洁的工作服、围裙、厨师帽	10	
	操作卫生	实训卫生达标，操作台面整洁，工具摆放规范有序	10	
品种要求 （60分）	产品数量	达到实训考核规定	20	
	规格要求	大小一致，形态整齐，造型美观	20	
	成品口感	成品香甜松软，色泽美观	20	
其他要求 （20分）	物料处理	节约原料，物尽其用	10	
	操作时间	在规定时间内完成，规范操作，保质保量完成	10	
➢ 建议采取自评、互评、老师评价方式，并结合行业、企业评价			总分	

❷ 顾客评价　请顾客填写体验评价表。

请选择您的满意指数 （请在 □ 内画 √ ）	★★★★★ 非常满意	★★★★ 满意	★★★ 一般	★★ 不满意
重阳糕形态整齐，造型美观	□	□	□	□
重阳糕香甜松软	□	□	□	□
重阳糕馅心甜度适中	□	□	□	□
重阳糕装盘美观、大方、干净	□	□	□	□
·您是否愿意再次选购此产品？	是 □		否 □	
·您是否愿意把此产品推荐给您的朋友？	是 □		否 □	
·本产品令您满意的地方				
·本产品您认为不足的地方				
·本产品按照每份 3 小块，您能接受的价格是　3 元 / 份 □　　5 元 / 份 □　　6 元 / 份 □　　9 元 / 份 □				

顾客的意见和建议：

Note

实训任务 3　年糕制作

一、课前学习资源与准备

课前学习目标	1. 了解黏质糕团的品种和历史。 2. 能够简述年糕的历史。 3. 能够区别南北方年糕	
课前资源推荐	线上课程	1. 智慧职教平台《中式面点工艺》。 2. 智慧树平台《中式面点制作工艺》
	资料查阅	使用万方数据知识服务平台、中国知网等检索相关的关键词，辅助查阅资料： 1. 中国年糕发展的历史浅析。 2. 慈城年糕省级传承人谢大本。 3.《冯恒大：水磨年糕的守望与传承》
	视听资料	1. 中央电视台纪录片《美食中国》。 2. 通过视听平台搜索相关视频
案例导入	年糕，这一历史悠久的传统美食，不仅是一种风味独特的食品，更是中华文化的重要组成部分。在漫长的发展历程中，年糕逐渐演变成一种富含文化内涵的美味佳肴，深受人们的喜爱。 　　经过数千年的不断改进和发展，年糕的制作技艺逐渐成熟，成为一种口感软糯、香甜可口的美食。在不同的地区，年糕的口味和做法各具特色，形成了丰富多彩的年糕文化。在古代，年糕是祭祀祖先的必备食品，被视为吉祥如意、五谷丰登的象征。如今，在农历新年的来临之际，年糕也是迎接新春、祈求幸福的重要食品。 　　在现代社会，随着科技的不断进步和机械化生产的普及，年糕的制作技艺得到了进一步的发展和提升。然而，传统的手工制作技艺仍然具有独特的价值和魅力。手工制作年糕时，人们更加注重原材料的选择和加工工艺的精细度，从而制作出口感更加地道、品质更加优良的年糕。 　　作为中华文化的传承者，我们应该深入了解和传承年糕这一美食文化。通过不断探索和创新，让年糕在新的时代里焕发出更加绚丽的光彩，为中华美食文化的繁荣和发展做出更大的贡献	
课前检测	扫描边栏二维码，进行课前测试	
课前思考与疑问		

教学资源

课前测试

Note

二、实训任务简介

年糕作为中华民族的传统食物，寄寓着五谷丰登，老人年年长寿、小孩年年长高的美好愿望，因此，每逢春节，年糕成了家家必备的应时食品。年糕在中国不只是简单的食物，更是立春祈福文化的载体。年糕既是与民俗相伴的时令食物，更是表达年味的一缕乡愁。它与历史相接、民俗相通、亲情相融，是一抹挥之不去的缱绻乡愁，也是诗性江南悠闲的美食享受。本实训任务以年糕为例，要求学生对掌握年糕制作的基本方法和操作关键的同时，能够根据地方特色进行工艺优化与改良。

三、实训任务目标

❶ 素质目标 ①通过学习年糕文化，树立饮食文化自信。②通过品种优化与改良，培养创新意识。

❷ 知识目标 ①了解年糕的历史文化。②熟悉黏质糕团的制作工艺特点。

❸ 能力目标 ①掌握"揉""打"的成型技巧。②学会制作年糕。③能够通过不同手法以及添加不同辅料对黏质糕团制品的造型、颜色和口味进行优化与改良。

> **随堂讨论：** 锦鲤的颜色多种多样，若要制作不拘一格的锦鲤，怎么做才能使颜色深浅适宜，花样合适？

四、实训备料参考

	用料参考（建议 3 个）	用量参考 /g
面团	糯米粉	400
	澄粉	100
	白砂糖	35
	开水	350
辅料	红曲粉	3
	熟玉米油	20

五、实训成品特点

成品香甜软糯、食法多样、风味各异。

六、实训工艺流程

1. 准备好糯米粉、澄粉、红曲粉、开水等原料。

2. 用开水将澄粉烫成粉团。

3. 将糯米粉和水混合形成粉团。

4. 将澄粉团和糯米粉团混合擦均匀形成白色粉团。

5. 取约 100 g 白色粉团，与适量红曲粉混合，形成红色粉团。

6. 取白色粉团约 250 g，做成鱼的身体大小，取红色粉团 5 g、10 g，将两种颜色粉团组合成鱼的形状。

7. 在模具里刷上熟玉米油。

8. 将组合好的粉团填塞到模具中。

9. 将填塞好粉团的模具放蒸锅里蒸 15 min 即可。

七、实训任务检测与拓展思考

1. 黏质糕团与松质糕团的制作工艺有什么区别？

2. 慈城年糕的特点是什么？

3. 查阅相关资料，摸索使用粳米粉制作年糕的工艺，并将之与糯米粉制作的年糕比较，其口感有什么不同？

课后测试

八、评价指标参考

❶ 过程评价　过程评价参考中式面点师职业技能等级认定评分标准。

项　　目		技　术　要　求	分值	得分
职业素养 （20分）	着装规范	穿戴干净整洁的工作服、围裙、厨师帽	10	
	操作卫生	实训卫生达标，操作台面整洁，工具摆放规范有序	10	
品种要求 （60分）	产品数量	达到实训考核规定	20	
	规格要求	形态规整，造型美观	20	
	成品口感	成品香甜软糯	20	
其他要求 （20分）	物料处理	节约原料，物尽其用	10	
	操作时间	在规定时间内，规范操作，保质保量完成	10	
➤ 建议采取自评、互评、老师评价方式，并结合行业、企业评价			总分	

❷ 顾客评价　请顾客填写体验评价表。

请选择您的满意指数 （请在 □ 内画 √）	★★★★★	★★★★	★★★	★★
	非常满意	满意	一般	不满意
年糕外形规整，形态美观	□	□	□	□
年糕甜而不腻，糯而不黏	□	□	□	□
年糕辅料品种丰富，甜味适中	□	□	□	□
年糕装盘美观、大方、干净	□	□	□	□
·您是否愿意再次选购此产品？	是 □		否 □	
·您是否愿意把此产品推荐给您的朋友？	是 □		否 □	
·本产品令您满意的地方				
·本产品您认为不足的地方				
·本产品按照每份 5 块，您能接受的价格是　15 元 / 份 □　25 元 / 份 □　35 元 / 份 □　45 元 / 份 □				

顾客的意见和建议：

Note

实训任务 4 汤圆制作

一、课前学习资源与准备

课前学习目标	1. 了解汤圆的别称及其历史发展。 2. 能够讲解汤圆的寓意	
课前资源推荐	线上课程	1. 智慧职教平台《中式面点工艺》。 2. 智慧树平台《中式面点制作工艺》
	资料查阅	使用万方数据知识服务平台、中国知网等检索相关的关键词，辅助查阅资料
	视听资料	1. 中央电视台纪录片《餐桌上的节日》。 2. 通过视听平台搜索相关视频
案例导入	**精于食材，新于工艺，以不变应万变** 　　现在的市面上，元宵五彩缤纷，讲究一个好卖相，味道也是咸咸辣辣多味化。每年临近元宵节，老字号的汤面馆就热闹起来，每天都有人排着长长的队伍购买元宵，现场滚元宵的场景更是壮观，一群头戴白帽、身穿白工作服的师傅，撸起袖子，泡米、淘米、晾米、磨米、翻炒、熬糖、做馅、沾水、滚制、包装……分工有序。这种费工费力的老手艺，让走过路过的市民不由自主地驻足围观，还流行一句"买不买，吃不吃，饱饱眼福也幸福"。 　　炒馅、碾冰糖、熬糖稀、拌馅、压模、晾凉、滚元宵等技术活，老师傅都拿捏得正好。一颗颗纯手工的滚元宵，要经过十几道工序才可以完成。一碗滚元宵，吃的就是老味道，享受的是老手艺。	
课前检测	扫描边栏二维码，进行课前测试	
课前思考与疑问		

教学资源

课前测试

Note

二、实训任务简介

农历正月十五是我国的元宵佳节，元宵节有合家欢聚吃"汤圆"的习俗。汤圆又称汤团，与"团圆"字音相近，取团圆之意，寓意团团圆圆、阖家幸福。本实训任务以汤圆为例，要求学生在掌握汤圆制作基本方法和操作关键的同时，能够根据地方特色进行工艺优化与改良。

三、实训任务目标

❶ **素质目标** ①通过学习汤圆文化树立饮食文化自信。②通过品种改良设计培养创新意识。

❷ **知识目标** ①了解汤圆的历史文化。②熟悉汤圆的制作工艺。

❸ **能力目标** ①学会包汤圆的手法。②掌握米粉类面团相关制品的制作。③能够根据地方特色进行汤圆面皮与馅心工艺的优化与改良。

随堂讨论： 在煮汤圆时，为保持汤圆的完整而不变形，以及防止汤圆之间相互粘连，有哪些操作要领？

四、实训备料参考

	用料参考（建议20个）	用量参考/g
面团	水磨糯米粉	250
	开水	180
馅料	熟芝麻	125
	熟花生碎	25
	白砂糖	40
	猪油	50

五、实训成品特点

成品色白光亮、皮薄馅多、软糯香甜、细嫩爽滑。

Note

六、实训工艺流程

1. 调馅心，将芝麻和花生烤熟后磨成粉粒，加入白砂糖和猪油拌和成馅心。

2. 取约 1/4 的糯米粉加冷水和成粉团后，压成"薄饼"。

3. 将"薄饼"投入沸水中，用勺子轻轻搅动，防止粘锅底。待水再次沸腾时，加入适量冷水，使"薄饼"漂浮在水面上 3 ～ 4 min 至颜色完全改变，即得熟芡。

4. 按比例将熟芡与剩余糯米粉混合成粉团。

5. 将粉团搓成条，下剂，每个剂子重约 20 g。

6. 取一个剂子，用捏皮法捏成漏斗状，再放入 12 g 馅心，收口搓圆成生坯。

7. 锅内加清水，待水开后将汤圆生坯放入，用铁勺背轻轻搅动锅边，防止汤圆生坯粘锅。

8. 等水沸后，适当"点水"，保持锅内沸而不腾的状态。

9. 待汤圆浮起，焖煮 2 min 后即可捞起装盘。

行业新工艺

了解汤圆制作流水线的机械与工艺。

七、实训任务检测与拓展思考

1. 汤圆和元宵有什么区别？

2. 如何制作雨花石汤团？

3. 用"煮芡法"调制生粉团时，操作时有哪些注意事项？

课后测试

Note

八、评价指标参考

❶ 过程评价　过程评价参考中式面点师职业技能等级认定评分标准。

项　　目		技 术 要 求	分值	得分
职业素养 （20分）	着装规范	穿戴干净整洁的工作服、围裙、厨师帽	10	
	操作卫生	实训卫生达标，操作台面整洁，工具摆放规范有序	10	
品种要求 （60分）	产品数量	达到实训考核规定	20	
	规格要求	呈团状，不破皮，不塌陷	20	
	成品口感	成品色白光亮、皮薄馅多、软糯香甜、细嫩爽滑	20	
其他要求 （20分）	物料处理	节约原料，物尽其用	10	
	操作时间	在规定的时间内，规范操作，保质保量完成	10	
➤ 建议采取自评、互评、老师评价方式，并结合行业、企业评价			总分	

❷ 顾客评价　请顾客填写体验评价表。

请选择您的满意指数 （请在 □ 内画 √）	★★★★★ 非常满意	★★★★ 满意	★★★ 一般	★★ 不满意
汤圆形态美观	□	□	□	□
汤圆软糯爽滑，不粘牙	□	□	□	□
汤圆馅心丰富多彩、甜咸适中	□	□	□	□
汤圆装盘美观、大方、干净	□	□	□	□
· 您是否愿意再次选购此产品?	是 □		否 □	
· 您是否愿意把此产品推荐给您的朋友?	是 □		否 □	
· 本产品令您满意的地方				
· 本产品您认为不足的地方				
· 本产品按照每份 10 个，您能接受的价格是　6元/份 □　　8元/份 □　　10元/份 □　　12元/份 □				

顾客的意见和建议：

实训任务 5 米发糕制作

一、课前学习资源与准备

课前学习目标	1. 能够说出米发糕的成品特点。 2. 了解米发糕的传统做法。 3. 掌握米发糕的制作工艺流程	
课前资源推荐	线上课程	1. 智慧职教平台《中式面点工艺》。 2. 智慧树平台《中式面点制作工艺》
	资料查阅	1. 了解米粉粗细度对米发糕品质的影响。 2. 使用万方数据知识服务平台、中国知网等检索相关的关键词，辅助查阅资料
	视听资料	通过视听平台搜索相关视频
案例导入	**美的生活代代相传** 　　米发糕是中国南方传统的特色小吃之一，据上了年纪的老人笼统叙述，以前勤俭的劳动人民先把籼米打成浆，再兑酒酿，经一定时间的发酵，加入调味品，在一定条件下发酵10 h左右，然后上蒸笼蒸制即成。 　　王氏米发糕是田庄台镇不可忽略的一种美食。王氏米发糕的来历：据其传承人王毅男介绍，他的爷爷王家林是镇上著名的中医，凭借高超的医术医好了一个得"金针病"的朝鲜族孩子，孩子的母亲为表达感激之情，向王毅男的奶奶亲手传授了此门技艺：将大米用清水浸泡一夜，用石磨磨成浆，再发酵，然后分装进小碗上蒸笼蒸。自从奶奶学会了这项手艺，会常常做上一些。王毅男跟着奶奶忙乎，也渐渐掌握了其精髓，从而将这种美丽的糕点传承至今。 　　随着生活水平的提高，现代食品的多样性，关注学习米发糕制作的人越来越少，希望传统小吃能够继续传承发扬下去。	
课前检测	扫描边栏二维码，进行课前测试	
课前思考与疑问	1. 发酵米粉类面团的调制方法及要点是什么？ 2. 米粉类面团与面粉面团在发酵过程中有什么区别？	

Note

二、实训任务简介

　　米发糕是传统的大米发酵面点，是中国南方传统的特色小吃之一，其色泽洁白，绵软甜润，是夏、秋季应时小吃，具有独特的风味及较高的营养保健功能。此实训任务以米发糕的发酵制作为重点，要求学生在掌握制作方法和操作关键的同时，能够根据原料的变化进行工艺优化与改良。

三、实训任务目标

　　❶ **素质目标**　①关注学习应季特色小吃的制作。②通过制作过程的学习培养精益求精的精神。
　　❷ **知识目标**　①了解发酵米浆的性质特点。②熟悉米发糕的制作工艺流程。
　　❸ **能力目标**　①能够完成米发糕的制作。②掌握米发糕发酵程度的判断方法。

> **随堂讨论：**烹饪专业的学生想尝试制作一款家庭版小吃给家人，故在网上学习制作米发糕。在完成后，米发糕并没有松软可口，反而硬邦邦的，为什么会这样？

四、实训备料参考

用料参考（建议 20 个）		用量参考 /g
米浆	籼米粉	500
	水	300
	白砂糖	100
	酵母	10
	小苏打	1

五、实训成品特点

　　成品有细小的蜂窝，质感细腻，色泽洁白，绵软甜润。

六、实训工艺流程

1. 调制米浆，加入水、白砂糖调成米浆，再加入酵母搅拌均匀。

2. 盖上保鲜膜，醒发 1 h 左右。

3. 醒发好的米糊搅拌均匀，排气直至米糊均匀。

4. 排气后的米糊加入小苏打调制。

5. 锡纸盏刷油，倒入米浆直至八分满，震匀。

6. 大火蒸制 15 min，完成熟制过程。

行业新工艺

了解学习乳酸菌发酵大米工艺，优化米发糕制备的相关工艺资料。

七、实训任务检测与拓展思考

1. 通过调研，了解米糕类有哪些品种。

2. 查阅资料，了解冻结温度对米发糕品质特点的影响。

3. 米发糕膨松度较差的原因是什么？

课后测试

八、评价指标参考

① 过程评价　过程评价参考中式面点师职业技能等级认定评分标准。

项　　目		技 术 要 求	分值	得分
职业素养 （20分）	着装规范	穿戴干净整洁的工作服、围裙、厨师帽	10	
	操作卫生	实训卫生达标，操作台面整洁，工具摆放规范有序	10	
品种要求 （60分）	口味质感	质感细腻，色泽洁白，绵软甜润	20	
	规格要求	成品大小一致，膨松度均匀，重量约 50 g	20	
	成品口感	成品口感松软、细腻、香甜	20	
其他要求 （20分）	物料处理	节约原料，物尽其用	10	
	操作时间	在规定的时间内，规范操作，保质保量完成实训操作	10	
➤ 建议采取自评、互评、老师评价方式，并结合行业、企业评价			总分	

② 顾客评价　请顾客填写体验评价表。

请选择您的满意指数 （请在 □ 内画 √）	★★★★★ 非常满意	★★★★ 满意	★★★ 一般	★★ 不满意
米发糕大小均匀、形态美观	□	□	□	□
米发糕质感细腻、口感香甜可口	□	□	□	□
米发糕装盘美观、大方、干净	□	□	□	□
·您是否愿意再次选购此产品？	是 □		否 □	
·您是否愿意把此产品推荐给您的朋友？	是 □		否 □	
·本产品令您满意的地方				
·本产品您认为不足的地方				
·本产品按照每份 8 个，您能接受的价格是　8 元 / 份 □　　10 元 / 份 □　　12 元 / 份 □　　16 元 / 份 □				

顾客的意见和建议：

Note

实训任务 6　螺蛳粉制作

一、课前学习资源与准备

课前学习目标	1. 了解螺蛳粉的起源及发展历程。 2. 能够简述螺蛳粉制作的基本材料。 3. 能够说出螺蛳粉独特的风味特点。 4. 了解螺蛳粉批量生产的新工艺与新设备	
课前资源推荐	线上课程	1. 智慧职教平台《中式面点工艺》。 2. 智慧树平台《中式面点制作工艺》
	资料查阅	1. 使用万方数据知识服务平台、中国知网等检索相关的关键词，辅助查阅资料。 2. 阅读《饮食符号建构与铸牢中华民族共同体意识研究——以广西柳州螺蛳粉为例》
	视听资料	1. 关注中央电视台《走遍中国》中的报道。 2. 通过视听平台搜索相关视频
案例导入	**以匠心为底蕴，以技艺做传承** 　　广西柳州的何涛9岁开始学做螺蛳粉，父母是当地最早的螺蛳粉摊主。大学毕业后，他成了全柳州第一个将螺蛳粉摊变成连锁店的人，并在全国开店近300家，免费教出2000多名徒弟。因为螺蛳粉做得好，2014年他成为柳州首位认证的螺蛳粉技艺非遗传承人，推动又臭又酸又辣的螺蛳粉变成"国民美食"。他说："我有信心让全世界爱上螺蛳粉。" 　　何涛说："作为柳州螺蛳粉的非遗传承老品牌，'爱国爱民'，愿意开放地融入这个时代，让更多有兴趣在螺蛳粉上创业的朋友可以更轻松地走进来，我们愿意提供解决方案，并毫无保留地分享我们这17年的经验，与大家并肩前行。"何涛的工匠之路，象征着广大螺蛳粉手工匠人对螺蛳粉的辛勤付出和创新创业的热情。 　　小小一碗粉，温暖一座城。多年来，他用工匠般精益求精的执着精神，以匠心为底蕴，以技艺做传承，为螺蛳粉产业发展注入了新活力。	
课前检测	扫描边栏二维码，进行课前测试	
课前思考与疑问		

二、实训任务简介

螺蛳粉是广西壮族自治区柳州市最具地方特色的小吃，具有辣、爽、鲜、酸、烫的独特风味。一碗正宗的螺蛳粉中有洁白的米粉、翠绿的蔬菜、金黄的腐竹、通红的花生、乌黑的木耳、夺目的红油、"销魂"的酸笋等。多样化的食材组合在一起，体现出广西各民族交往交流"和而不同，美美与共"的特点，也激发出独特的味道。本实训任务以螺蛳粉为例，要求学生在掌握螺蛳粉汤、配菜、红油、辣椒醋制作的基本方法和操作关键的同时，能够根据地方特色进行工艺优化与改良。

三、实训任务目标

❶ **素质目标** ①树立中国饮食文化自信。②通过品种优化与改良，培养创新意识。

❷ **知识目标** ①了解螺蛳粉的历史文化。②熟悉螺蛳粉的制作工艺。

❸ **能力目标** ①能够完成螺蛳粉的制作。②能够根据地方特色进行螺蛳粉工艺的优化与改良。

> 随堂讨论：某学生在制作螺蛳粉汤底的过程中，为了快捷，加足量香料到螺蛳粉汤中，同时缩短了熬煮的时间，请问这样制作会出现什么样的后果？

四、实训备料参考

用料参考（建议10人份）		用量参考/g	用料参考（建议10人份）		用量参考/g
主料	米粉	1000	红油	粗辣椒粉	50
辅料	螺蛳	250		细辣椒粉	50
	猪筒骨	250		调和油	100
汤料	牛骨	250		猪油	50
	鸡骨架	250	辣椒醋	青椒	50
	沙骨	250		红米椒	30
	党参、玉竹、甘草等各式香料	50		白醋	30
	酸笋	150		白砂糖	20
	酸豆角	150	调料	盐、味精、生姜、啤酒、泡红椒、泡山椒等	适量
配菜	腐竹	100			
	炸花生米	100			
	生菜	250			
	木耳丝	150			
	萝卜干	100			
	黄花菜	75			

Note

五、实训成品特点

成品具有辣、爽、鲜、酸、烫的独特风味。

六、实训工艺流程

1. 泡干米粉（即米粉复水）：干米粉先用 70~75 ℃温水浸泡 10 min 后，过凉水，然后用凉水浸泡 1 h 备用。

2. 炒螺蛳：①螺蛳放到清水里泡 1 h 去泥沙和土味。②泡干净的螺蛳用钳子夹去尾部，洗净，入清水锅稍煮，去除杂质，捞出备用。③食用油入锅，放入酸笋、生姜、啤酒等爆香，加入螺蛳一同炒匀。

3. 熬螺蛳汤：①猪筒骨、牛骨、鸡骨架、沙骨飞水，去血沫，将香料用料袋装好后放入汤锅中一同熬煮，大火烧滚，改中火慢煮 6 h。②加入炒好的螺蛳熬煮半小时，用盐、味精、冰糖、鸡精调味即成螺蛳汤。

4. 制配菜：①起锅热油，酸豆角、酸笋、黄花菜（需提前泡开）、木耳丝等分别入锅，用蒜和粗、细辣椒粉炒成成品，出锅备用。②小锅加入大量食用油，

将腐竹、花生倒入，炸至金黄，捞出备用。

5. 调制红油、辣椒醋：①青椒、红米辣椒切成丁，加白醋、白砂糖调匀，制成辣椒醋。②食用油倒入锅中，加入猪油，中火烧至油温达到 160 ～ 170 ℃，加入姜丝、蒜米炸香，然后加入大葱、红葱炸香，下小葱炸至干香、呈金黄色，捞出，待油温达到 200 ℃，将油慢慢倒入粗辣椒粉中，一边倒一边搅拌，随后再倒入细辣椒粉搅拌均匀即可。

6. 螺蛳粉烹制：复水后的米粉用水煮至软糯、有弹性即可捞出放入碗里，下青菜烫熟后夹到粉碗中，码上所有配菜，倒入熬好的螺蛳汤、红油，再加少许辣椒醋即可。

行业新工艺

了解螺蛳粉制作的流水线工艺。

七、实训任务检测与拓展思考

1. 通过调研，分析柳州螺蛳粉与其他地区的米粉有什么不同？
2. 如何采用新工艺提高螺蛳粉批量生产的效率？

八、评价指标参考

❶ **过程评价**　过程评价参考中式面点师职业技能等级认定评分标准。

项　　目		技　术　要　求	分值	得分
职业素养 （20分）	着装规范	穿戴干净整洁的工作服、围裙、厨师帽	10	
	操作卫生	实训卫生达标，操作台面整洁，工具摆放规范有序	10	
品种要求 （60分）	口味质感	调味得当，口味鲜香，主味酸辣突出，无异味	20	
	规格要求	每份2两，汤量合适，配菜配置合理，色彩自然	20	
	成品口感	米粉爽滑有筋道	20	
其他要求 （20分）	物料处理	节约原料，物尽其用	10	
	操作时间	在规定的时间内，规范操作，保质保量完成实训操作	10	
➤ 建议采取自评、互评、老师评价方式，并结合行业、企业评价			总分	

❷ **顾客评价**　请顾客填写体验评价表。

请选择您的满意指数 （请在 □ 内画 √）	★★★★★ 非常满意	★★★★ 满意	★★★ 一般	★★ 不满意
螺蛳粉汤味道适口	□	□	□	□
螺蛳粉配菜份量适宜，味道合口	□	□	□	□
螺蛳粉辣度适中	□	□	□	□
米粉爽滑，有筋道	□	□	□	□
·您是否愿意再次选购此产品？	是 □		否 □	
·您是否愿意把此产品推荐给您的朋友？	是 □		否 □	
·本产品令您满意的地方				
·本产品您认为不足的地方				
·本产品按照每份2两，您能接受的价格是　8元/份 □　　10元/份 □　　12元/份 □　　16元/份 □				
顾客的意见和建议：				

杂粮及其他面团品种实训

一、总体实训目标

（一）素质目标

（1）树立"大健康"意识。

（2）具备粮食文化和地域融合意识。

（二）知识目标

（1）了解我国杂粮特点及营养知识。

（2）熟悉杂粮及其他面团制品的工艺流程。

（三）能力目标

（1）能够制作绿豆糕、杂粮煎饼、马蹄糕、南瓜饼等大众品种。

（2）能够根据市场变化改良品种。

二、实训项目概览

　　杂粮及其他面团制品是指除面粉、米粉以外的粉团，包括豆类面团、谷类面团、根茎类面团、果蔬类面团、肉蓉类面团制品等。

　　杂粮是指一类生长周期短、种植面积少，并且产量较低的粮豆作物，与水稻、小麦等作物相比，普及程度更低，比较常见的有高粱、荞麦、燕麦、大麦、小米、黑豆、黑米、绿豆、红豆、小扁豆、芝麻等。

　　杂粮食品具备天然、绿色、营养、健康的特征。中医古籍《黄帝内经》记载，"五谷为养，五果为助，五畜为益，五菜为充"。杂粮富含铁、镁、锌、硒、钙、叶酸、维生素等，对人体健康非常有益。

类　　别	面团特点	代表品种
豆类面团制品	清香细腻，营养丰富，有一定保健功能	绿豆糕、豌豆黄
谷类面团制品	口感粗糙，营养丰富，有谷类独特的清香	小米糕、红米饭、粗粮窝窝头
根茎类面团制品	营养丰富，根据原料不同，可以细腻绵密，也可弹滑爽脆	蜂巢芋角、千层马蹄糕、藕粉圆子、香煎红薯饼
果蔬类面团制品	一般由果蔬配合其他粉类成团，具有果蔬的清香	黄桂柿子饼、南瓜饼、玫瑰鲜花饼（拓展产品）
肉蓉类面团制品	味道鲜美，口感软嫩，风味独特	黄梅鱼面、福州肉燕

三、项目素质目标一览表

序　　号	品　　种	关键素质目标	关键词与句
1	绿豆糕	意志品格	吃出文化，吃出健康
2	杂粮煎饼	家国情怀	一粥一饭当思来之不易
3	粗粮窝窝头	家国情怀	忆苦思甜，铭记历史
4	蜂巢芋角	职业素养	精益求精，根植厨德修养
5	马蹄糕	审美鉴赏	讲好故事，弘扬美食文化
6	南瓜饼	理想信念	实事求是，勇闯新路
7	福州肉燕	家国情怀	温暖与亲情——无燕不成宴，无燕不成年

四、实训任务一览表

实　训　内　容		适应职业技能等级考核	适合技能竞赛
豆类面团制品	绿豆糕	<u>初</u> / 中 / 高	
谷类面团制品	杂粮煎饼	<u>初</u> / 中 / 高	
	粗粮窝窝头	<u>初</u> / 中 / 高	
	蜂巢芋角	初 / <u>中</u> / 高	
根茎类面团制品	马蹄糕	初 / <u>中</u> / 高	
果蔬类面团制品	南瓜饼	<u>初</u> / 中 / 高	√
肉蓉类面团制品	福州肉燕	初 / 中 / <u>高</u>	

实训任务 1　绿豆糕制作

一、课前学习资源与准备

课前学习目标	1. 能够概述绿豆的营养价值。 2. 了解绿豆不去皮和去皮在功效上的区别	
课前资源推荐	线上课程	中国大学 MOOC 平台《二十四节气茶点》课程
	资料查阅	使用万方数据知识服务平台、中国知网等检索相关的关键词，辅助查阅资料
	视听资料	观看中央电视台节目《正点财经》，了解传统绿豆糕的做法
案例导入	**绿豆糕的诞生** 　　传说，很早以前，有一对夫妇，丈夫叫李壮，妻子叫东亮。夫妻二人四处谋生，走到山西省盐池时，听说需要挖盐的苦力，就决定留在那里工作。李壮很勤快，每天早出晚归，虽说很有力气，但也经不住长期的超负荷体力劳动，妻子很心疼，于是就想办法给丈夫补充体力。 　　在炎热的夏季，妻子喜欢熬制绿豆汤，解渴又能防止中暑。可一天下来，绿豆扔了怪可惜的。于是妻子就想把熬绿豆汤剩下的绿豆做成糕点，她突然想起冬天买了好多柿饼还没有吃完。经过斟酌，东亮将煮熟的绿豆去皮，用手掌拍成面，将柿饼去核切成块，一层绿豆面，一层柿饼块，装入盒中，用锅蒸了蒸，置于水瓮之中冰镇。第二天拿出来用盐水一浸，倒出来切上一大块，让丈夫带走。丈夫吃了连夸好吃，可是几天下来，丈夫发现这糕点虽然好吃，但是不扛饿。 　　直到有一天，东亮跟丈夫一同去盐池，看见一个赶车驮盐的车夫正在用豌豆喂牲口，并了解到，牲口吃了豌豆劲大，再高的坡都能爬上去。回家后，东亮买了一些豌豆，将豌豆煮熟去皮，再用绿豆掺柿饼的办法炮制，这样做出来的糕点不仅味道好，还特别扛饿。这就是绿豆糕的来历。 　　绿豆成为糕点的历程，饱含了前人为了满足现实生活需要而不断改良食物制作工艺的智慧	
课前学习检测	扫描边栏二维码，进行课前测试	
课前思考与疑问		

Note

二、实训任务简介

明代李时珍在《本草纲目》记载，绿豆有解诸热、补益气、调五脏、安精神、厚肠胃之功效。中华民族自古就有药食同源的说法，采用绿豆为原料制作的绿豆糕，是中国传统的初夏食品。绿豆富含淀粉、蛋白质、脂肪、维生素 A、维生素 B_1、维生素 B_2 等营养成分，对人体健康甚有裨益。

三、实训任务目标

❶ **素质目标** ①了解绿豆糕的来源。②通过材料的严选、操作的严谨，培养一丝不苟的工作态度。

❷ **知识目标** ①掌握绿豆糕制作原料的处理方法。②熟悉绿豆糕制作的基本过程。

❸ **能力目标** ①能够用不同的模具制作不同造型的绿豆糕。②掌握绿豆糕的制作工艺，并按照不同的需求，对原料组成进行优化与改良。

随堂讨论：做绿豆糕可以用花生油代替黄油吗？

四、实训备料参考

用料参考（建议 9 ～ 12 个）	用量参考 /g
去皮绿豆	250
白砂糖	35
蜂蜜	20
黄油	80

五、实训成品特点

成品形状规范整齐，色泽浅黄，组织细润紧密，口味清香、绵软不粘牙。

Note

六、实训工艺流程

1. 准备好原料，绿豆用清水浸泡 3 ～ 4 h 后去皮。

2. 浸泡好的去皮绿豆用清水冲洗干净后，稍微沥下水。

3. 开水上锅蒸制 20 min 左右。

4. 热锅下黄油，小火加热至黄油完全熔化。

5. 倒入蒸熟的去皮绿豆，小火不断翻炒。

6. 黄油和去皮绿豆充分混合后，加入白砂糖和蜂蜜继续翻炒。

7. 炒至干松、用手捏球不会粘手的状态，这样容易脱模。

8 ～ 9. 选用 50 g 的月饼模，每份绿豆泥 40 g，搓成圆球。用模具将绿豆泥压紧实，在黑色平盘上脱模。冷藏后口感更佳。

技术要点

☆绿豆不要浸泡过久，否则会长出芽。

☆浸泡至用手捏出一粒绿豆，稍用力揉搓能将绿豆皮搓掉即可。

☆去除绿豆皮的过程比较烦琐，需要一定的耐心，最后不完全去除也没关系，后续可过筛将绿豆皮清理干净。如果想方便一点，可以直接买去皮绿豆。

☆也可将制好的绿豆泥作为馅料，包入面团内制成其他点心。

七、实训任务检测与拓展思考

1. 谈谈你从绿豆糕的诞生中得到的启发。

2. 查阅相关资料，说说绿豆的食用禁忌有哪些。

3. 绿豆皮有什么作用？

八、评价指标参考

❶ 过程评价　过程评价参考中式面点师职业技能等级认定评分标准。

项　目		技 术 要 求	分值	得分
职业素养 （20分）	着装规范	穿戴干净整洁的工作服、围裙、厨师帽	10	
	操作卫生	餐具清洁，实训卫生达标，操作台面整洁，工具摆放规范有序	10	
品种要求 （60分）	口味质感	调味得当，口味鲜香，无异味	20	
	规格要求	绿豆糕生坯大小均匀	20	
	成品口感	成品色泽浅黄，清香绵软	20	
其他要求 （20分）	物料处理	节约原料，物尽其用	10	
	操作时间	在规定的时间内，规范操作，保质保量完成实训操作	10	
➢ 建议采取自评、互评、老师评价方式，并结合行业、企业评价			总分	

❷ 顾客评价　请顾客填写体验评价表。

请选择您的满意指数 （请在 □ 内画 √）	★★★★★ 非常满意	★★★★ 满意	★★★ 一般	★★ 不满意
绿豆糕大小一致、形态美观	□	□	□	□
绿豆糕色泽浅黄、清香绵软	□	□	□	□
绿豆糕甜度适中、香糯可口	□	□	□	□
绿豆糕装盘美观、大方、干净	□	□	□	□
·您是否愿意再次选购此产品？	是 □		否 □	
·您是否愿意把此产品推荐给您的朋友？	是 □		否 □	
·本产品令您最满意的地方				
·本产品您认为不足的地方				
·本产品按照每份 8 个，您能接受的价格是　12 元 / 份 □　16 元 / 份 □　18 元 / 份 □　20 元 / 份 □				

顾客的意见和建议：

课后测试

实训任务 2　　杂粮煎饼制作

一、课前学习资源与准备

教学资源

课前学习目标	1. 能够概述杂粮的营养价值。 2. 简述关于杂粮的小故事	
课前资源推荐	线上课程	1. 智慧职教平台《中式面点工艺》。 2. 通过视听平台搜索相关视频
	资料查阅	1. 选读《煎饼赋》（蒲松龄著）。 2. 使用万方数据知识服务平台、中国知网等检索相关的关键词，辅助查阅资料
	视听资料	观看中央电视台节目《跟着书本去旅行》，了解煎饼历史，学习煎饼制作方法
案例导入	**煎　饼　颂** 　　古代医家们认为五谷能养五脏之真气。谷类在人们的饮食结构中是非常重要的，古人强调"为养"的基本原则也就是"精细搭配，杂食五谷"。 　　杂粮可以调节血脂，改善肠道功能，也可以有效地补充身体的营养物质。杂粮一般是指粗粮，营养价值比较高，尤其是膳食纤维含量比较高，可以促进胃肠道蠕动，帮助肠道内的宿便以及毒素排出，也有降低胆固醇和血脂的作用。 　　杂粮含有丰富的营养物质，是人体健康所不能或缺的，饮食生活上要注意精细搭配，杂食五谷。杂粮煎饼是中华传统小吃，也是记录民生的美食	
课前学习检测	扫描边栏二维码，进行课前测试	
课前思考与疑问		

课前测试

二、实训任务简介

杂粮富含膳食纤维，可促进肠道蠕动，加速身体内废物的排出，可以有效地降低血压、降低血脂、改善便秘。杂粮吃法有很多，我们常见的有杂粮煎饼、八宝粥等。本实训任务以掌握杂粮煎饼制作方法和操作关键为重点，与此同时，也要求能够根据地方特色与不同的客情，进行工艺的改良与优化。

三、实训任务目标

❶ 素质目标　①学习《煎饼赋》，敬仰先辈的同时也要传承他们的精神。②通过材料的严选、操作的严谨，培养一丝不苟的工作态度。

❷ 知识目标　①了解杂粮所含营养素的功能。②熟悉杂粮类原料调制杂粮面团的方法。

❸ 能力目标　①能够独立完成杂粮煎饼的制作。②掌握杂粮煎饼的制作工艺，并进行造型优化创新、成熟工艺创新。③熟悉杂粮煎饼的制作工艺。

> **随堂讨论：** 制作杂粮煎饼时，还可以怎样调制馅心？

四、实训备料参考

	用料参考（建议10张）	用量参考
面糊	中筋面粉	350 g
	鸡蛋	2个
	绿豆面	50 g
	盐	2 g
	色拉油	10 g
	水	380 g
配料	甜面酱	50 g
	生菜叶	100 g
	黑芝麻	20 g

五、实训成品特点

成品色泽金黄，口感清香酥脆。

六、实训工艺流程

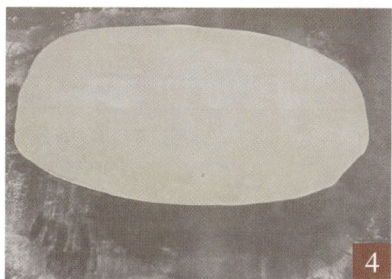

1. 调制面糊（浆料），静置 20 min。

2. 和果子面团。

3. 果子面团揉光滑，醒 10 min。

4. 将果子面团擀至 0.2 cm 厚。

5. 分割面皮。

6. 将面皮分开，防止粘连。

7. 炸制，将分割后的面皮顺锅边下锅。

8. 捞出炸好的面皮，即果子。

9. 平底锅抹薄薄一层油，摊匀浆料。

10. 待饼鼓起翻面，加鸡蛋液，撒芝麻。

11. 刷酱，撒葱花、韭菜，加入果子、生菜、香肠等配料。

12. 卷起杂粮煎饼，出锅。

技术要点

☆调制煎饼面糊时，要掌握好稠稀度。

☆摊煎饼时越薄越好，太厚不易成熟。

☆可根据口味添加配料。

七、实训任务检测与拓展思考

1. 谈谈你从《神农氏与五谷》故事中得到的关于职业理想方面的启发。

2. 查阅相关资料，分析哪些人群不适宜食用杂粮？

3. 餐饮业人工服务还能持续多久？你怎样看待这个严峻的问题？未来人与机器人该如何相处？

八、评价指标参考

❶ 过程评价　过程评价参考中式面点师职业技能等级认定评分标准。

项　目		技　术　要　求	分值	得分
职业素养（20分）	着装规范	穿戴干净整洁的工作服、围裙、厨师帽	10	
	操作卫生	餐具清洁，实训卫生达标，操作台面整洁，工具摆放规范有序	10	
品种要求（60分）	口味质感	调味得当，口味鲜香，无异味	20	
	规格要求	杂粮煎饼厚薄均匀，大小均匀，形状一致	20	
	成品口感	成品色泽金黄，口感清香酥脆	20	
其他要求（20分）	物料处理	节约原料，物尽其用	10	
	操作时间	在规定的时间内，规范操作，保质保量完成实训操作	10	
➤ 建议采取自评、互评、老师评价方式，并结合行业、企业评价			总分	

❷ 顾客评价　请顾客填写体验评价表。

请选择您的满意指数（请在 □ 内画 √）	★★★★★ 非常满意	★★★★ 满意	★★★ 一般	★★ 不满意
杂粮煎饼大小均匀、形状一致	□	□	□	□
杂粮煎饼厚薄均匀，形态美观	□	□	□	□
杂粮煎饼色泽金黄，口感清香酥脆	□	□	□	□
杂粮煎饼装盘美观、大方、干净	□	□	□	□
·您是否愿意再次选购此产品？	是 □		否 □	
·您是否愿意把此产品推荐给您的朋友？	是 □		否 □	
·本产品令您最满意的地方				
·本产品您认为不足的地方				
·本产品按照每份 1 个，您能接受的价格是　8元/份 □　10元/份 □　12元/份 □　16元/份 □				
顾客的意见和建议：				

实训任务 3　粗粮窝窝头制作

一、课前学习资源与准备

课前学习目标	1. 能够概述粗粮窝窝头的营养价值。 2. 了解粗粮窝窝头制作的基本手法	
课前资源推荐	线上课程	智慧职教平台《中式面点技艺》
	资料查阅	1. 使用万方数据知识服务平台、中国知网等检索相关的关键词，辅助查阅资料。 2. 诗朗诵《窝头之咏》
	视听资料	1. 观看视频《河水大城：薛家窝头点亮非遗传承"黄金塔"》。 2. 观看视频《广西：窝窝猪窝窝熊亮相　卡通窝头人气高》
案例导入	**窝窝头的情怀** 窝窝头的外形是上小下大中间空，呈圆锥状。为了使它蒸起来容易熟，底下有个孔。 　　按照老北京的说法，玉米在粮食类里算粗粮，因此窝窝头是贫民食物，身价远不如白面馒头。过去形容某个人命苦，常说"一辈子饥饱劳碌，啃窝头的命"。 　　关于窝窝头有一个传说：庚子年间，八国联军入侵北京前夕，慈禧太后带着一千余人仓皇逃往西安。途中，太后感到饥饿难忍，疲乏不堪。太监们四处搜寻，好容易从一个没有逃跑的村民家中找到一个凉窝窝头，献给了太后。太后拿起窝窝头狼吞虎咽，吃了下去，顿感浑身舒服，一直到晚上都没觉得饿。后来她回味起来，在御驾回銮以后，便命令御膳房为她做窝窝头。御膳房厨师仿照民间窝窝头的做法，可是太后不满意。后来御膳房厨师用细玉米面、黄豆面、白砂糖、桂花，加温水搅拌，捏成窝窝头，蒸熟以后金光闪闪，形似宝塔，吃在嘴里甜香可口，别有风味，受到了太后的称赞。 　　窝窝头原来是民众为了生存而制作出来的耐消化的食物，在我们民族战斗的历史中，它也发挥着重要的作用。今天，我们在幸福生活时，要时刻惦记那些为了我们不惜啃窝窝头吃野菜的先辈们，要传承他们不畏艰难、敢于吃苦的精神。	
课前学习检测	扫描边栏二维码，进行课前测试	
课前思考与疑问	常见的窝窝头主要原料有哪些？有何食疗价值？	

教学资源

课前测试

Note

二、实训任务简介

窝窝头是中国北方地区常见的面食，过去是贫民食物，如今已经成为一种绿色、美味、营养、健康的美食，广受消费者的喜爱，具有促进消化等功效。起初，如果条件好，玉米面中可以掺些白面；条件不好时，只用玉米面制作。但是，现在窝窝头的原料不局限于这两种，还可以加入小米面、高粱面及各种豆面等，可称为"杂合面"。有的是用"两合面""三合面"，甚至是"六合面"来制作窝窝头。几合面就是几种原料加在一起磨成的面料，本任务我们做的粗粮窝窝头用的是两合面——玉米面和黄豆面。

三、实训任务目标

❶ **素质目标** ①了解窝窝头的由来，感恩现在美好的生活。②结合营养学的相关知识，通过原料的组合，培养学生的创新精神。

❷ **知识目标** ①了解窝窝头的营养价值。②熟悉调制杂粮面团的方法。

❸ **能力目标** ①能够独立完成粗粮窝窝头的制作。②掌握粗粮窝窝头的制作工艺，并进行造型优化、配方创新。

> **随堂讨论**：窝窝头中间的洞，主要作用是什么？随着时代的变迁，用途还是一样吗？

四、实训备料参考

	用料参考（建议10个）	用量参考/g
面团	细玉米面	250
	黄豆面	100
	小苏打	2
	白砂糖	10

五、实训成品特点

成品色泽金黄，质地松软，口味馨香。

六、实训工艺流程

1. 将细玉米面、黄豆面过筛后倒入盘中,准备好其他原料。

2. 在盘中加入白砂糖和小苏打粉,将原料混合均匀。再缓缓加入温水,与粉类混合。

3. 揉成细致有弹性的面团,裹上保鲜膜,松弛 10 min。

4. 将面团搓成长条,分割成每个约 35 g 的剂子。

5. 手沾点水。

6. 将剂子搓圆,将右手食指插入剂子中间。

7. 不断转动,塑形,使其成为中空的圆锥形。

8. 蒸笼上铺上蒸笼纸,将窝窝头均匀地码在蒸笼内,锅内倒入清水,待水蒸气出现后,放上蒸屉,再放上蒸笼,大火蒸制 12 min 即可。

技术要点

☆玉米面最好用细玉米面,面中不能有颗粒。

☆和面时宜用温水,最好不要用冷水。

☆和面时要注意少加点水,面团和得干一点。

☆窝窝头塑形时手指要适当沾点水,这样比较好操作。

☆窝窝头的孔不要太大,做成小小的长孔即可。

七、实训任务检测与拓展思考

1. 谈谈你从窝窝头的由来中得到的职业理想方面的启发。

2. 查阅相关资料，什么样的人群不适宜吃窝窝头？

3. 如果要做一道荤素搭配的小菜放入窝窝头中吃，你会选择做什么菜品？

八、评价指标参考

❶ 过程评价 过程评价参考中式面点师职业技能等级认定评分标准。

项 目		技 术 要 求	分值	得分
职业素养 （20分）	着装规范	穿戴干净整洁的工作服、围裙、厨师帽	10	
	操作卫生	餐具清洁，实训卫生达标，操作台面整洁，工具摆放规范有序	10	
品种要求 （60分）	口味质感	调味得当，口味鲜香，主味突出，无异味	20	
	规格要求	生坯大小一致	20	
	成品口感	成品质地松软，口味馨香	20	
其他要求 （20分）	物料处理	节约原料，物尽其用	10	
	操作时间	在规定的时间内，规范操作，保质保量完成实训操作	10	
➤ 建议采取自评、互评、老师评价方式，并结合行业、企业评价			总分	

❷ 顾客评价 请顾客填写体验评价表。

请选择您的满意指数 （请在 □ 内画 √）	★★★★★ 非常满意	★★★★ 满意	★★★ 一般	★★ 不满意
窝窝头大小一致、形态美观	□	□	□	□
窝窝头色泽均匀	□	□	□	□
窝窝头甜度适中、质地松软、口味馨香	□	□	□	□
窝窝头装盘美观、大方、干净	□	□	□	□
·您是否愿意再次选购此产品？	是 □		否 □	
·您是否愿意把此产品推荐给您的朋友？	是 □		否 □	
·本产品令您最满意的地方				
·本产品您认为不足的地方				
·本产品按照每份6个，您能接受的价格是　16元/份 □　18元/份 □　20元/份 □　24元/份 □				
顾客的意见和建议：				

实训任务 4　蜂巢芋角制作

一、课前学习资源与准备

课前学习目标	1. 能够简述芋头的营养价值。 2. 简单介绍与芋头相关的美食		
课前资源推荐	线上课程	1. 制作蜂巢芋角的视频。 2. 通过视听平台搜索相关视频	
	资料查阅	使用万方数据知识服务平台、中国知网等检索相关的关键词，辅助查阅资料。	
	视听资料	观看中央电视台《健康之路》节目，学习选择芋头方法	
案例导入	**粤点泰斗陈勋大师** 　　"洋为中用，古为今用，中西并举，南北结合"，粤点大师陈勋先生用粤语有气势地道出粤点之精髓，更用了一生去践行，将粤点发扬光大。 　　陈勋，业内人尊称勋叔，出生于1924年，于1939年正式入行，做了80多年的粤点，广东饮食圈曾有"西有罗坤，北有陈勋"的说法。陈勋在粤点上兢兢业业80余载，顺应时代变化，创作出新的点心品种，并将旧时味道发扬光大。 　　这个时代的发展太快了，但在陈勋身上，我们看到的是对传统手艺的坚守与执着。粤点文化近百年来推陈出新，影响着全球的饮食风尚，陈勋始终坚持在点心技术革新的一线，见证着点心百年来的发展。他曾任广东地区烹饪协会粤点技术顾问，被评选为全国人大代表、先进工作者，曾受聘于全国首届烹饪名师技术表演鉴定会评委、第三届全国烹饪大赛评委，广东省广州市粤菜粤点大师考评组评委，为"食在广州"做出了卓越的贡献。粤点四大天王——叉烧包、虾饺、干蒸烧麦、蛋挞就是由陈勋提出来的		
课前学习检测	扫描边栏二维码，进行课前测试		
课前思考与疑问	芋头有何营养价值和药用价值？		

教学资源

课前测试

Note

123

二、实训任务简介

芋头是一种重要的蔬菜兼粮食作物，营养价值和药用价值高，是老少皆宜的食物。蜂巢芋角是广式传统点心，深受消费者的喜爱。本实训任务以掌握蜂巢芋角的制作方法和操作关键为重点，与此同时，要求能够根据地方特色与不同的客情，进行面皮与馅心工艺的优化。

三、实训任务目标

❶ 素质目标　①了解烹饪大师的成长经历、生活感悟、工作精神，传承他们的职业精神。②通过学习如何选择食材，培养服务"三农"的精神。

❷ 知识目标　①了解芋头的营养价值和药用价值。②熟悉蜂巢芋角制作的工艺流程。

❸ 能力目标　①能够独立完成蜂巢芋角的制作。②掌握蜂巢芋角的制作工艺，并进行造型优化创新，工艺创新。

> 随堂讨论：小宇同学在炸制蜂巢芋角的时候，炸不出蜂巢状，是什么原因？

四、实训备料参考

用料参考（建议 30 ~ 40 个）		用量参考 /g
面团	芋泥	500
	澄粉	250
	臭粉	5
	五香粉	1
	盐	6
	味精	10
	猪油	25
	清水	250
馅料	五花肉粒	300
	香菇粒	60
	海米	少许
	盐、糖、白胡椒粉、生抽、老抽、耗油等	适量

五、实训成品特点

成品外皮酥脆，表层小眼密布，状若蜂窝，芋香浓郁，内层软滑，馅鲜、香、美。

六、实训工艺流程

1. 准备原料。

2. 将芋头去皮切成块状，蒸熟，加入五香粉、盐、味精后搅拌成泥状。

3. 将开水快速倒入澄粉中，趁热用刮刀搅拌成团状，加入猪油，揉匀。

4. 芋泥和澄粉面团一起揉匀。

5. 搓条后，均匀下剂，每个剂子约重25 g。

6. 炒制馅料。

7. 剂子开窝，包入馅料，塑形，上小下大。

8. 油温180～200 ℃炸制生坯。

9. 装盘装饰。

技术要点

☆要选用质量好的芋头。

☆炸制时一定要控制好油温，才能炸出蜂巢状。

七、实训任务检测与拓展思考

1. 谈谈你从陈勋大师身上得到的启发。

2. 查阅相关资料，了解芋头的种植情况。

3. 蜂巢芋角和咸水角的制作有何异同？

课后测试

八、评价指标参考

❶ 过程评价　过程评价参考中式面点师职业技能等级认定评分标准。

项　　目		技 术 要 求	分值	得分
职业素养 （20分）	着装规范	穿戴干净整洁的工作服、围裙、厨师帽	10	
	操作卫生	餐具清洁，实训卫生达标，操作台面整洁，工具摆放规范有序	10	
品种要求 （60分）	口味质感	调味得当，口味鲜香，主味突出，无异味	20	
	规格要求	生坯大小一致	20	
	成品口感	成品外皮酥脆，芋香浓郁，馅鲜、香、美	20	
其他要求 （20分）	物料处理	节约原料，物尽其用	10	
	操作时间	在规定的时间内，规范操作，保质保量完成实训操作	10	
➢ 建议采取自评、互评、老师评价方式，并结合行业、企业评价			总分	

❷ 顾客评价　请顾客填写体验评价表。

请选择您的满意指数 （请在 □ 内画 √）	★★★★★ 非常满意	★★★★ 满意	★★★ 一般	★★ 不满意
蜂巢芋角大小一致、形态美观	□	□	□	□
蜂巢芋角外皮酥脆，芋香浓郁，馅鲜、香、美	□	□	□	□
蜂巢芋角装盘美观、大方、干净	□	□	□	□
·您是否愿意再次选购此产品？	是 □		否 □	
·您是否愿意把此产品推荐给您的朋友？	是 □		否 □	
·本产品令您最满意的地方				
·本产品您认为不足的地方				
·本产品按照每份 8 个，您能接受的价格是　16元/份 □　18元/份 □　20元/份 □　24元/份 □				

顾客的意见和建议：

Note

实训任务 5　马蹄糕制作

一、课前学习资源与准备

课前学习目标		1. 能够概述马蹄的营养价值。 2. 简述关于马蹄的典故
课前资源推荐	线上课程	1. 智慧职教平台《中式面点工艺》。 2. 通过视听平台搜索相关视频
	资料查阅	使用万方数据知识服务平台、中国知网等检索相关的关键词，辅助查阅资料
	视听资料	观看中央电视台节目《健康之路：小年民俗与养生》，学习马蹄的作用
案例导入		**马　蹄　糕** 　　马蹄又称荸荠、水栗、乌芋等，含有丰富的B族维生素和维生素C、蛋白质等，有清热、去湿、解毒的功效。皮紫黑色，肉质洁白，味甜多汁，清脆可口，既可作为水果生吃，又可作为蔬菜食用。球茎富含淀粉，供生食、熟食或提取淀粉（马蹄粉）；也供药用，具有利肠通便、利尿排淋、清肺化痰的作用。马蹄糕是广东、福建地区传统的甜点名吃之一。 　　据说，唐贞观二十三年（公元649年）唐高宗继位。岭南道节度使听说广州泮塘的马蹄、莲藕、茭笋、菱角非常有名，便让画家做了"泮塘五秀"图，献给朝廷。唐高宗非常喜欢此画，便将此画作为登基祭祀的物品。后来承敖的后人寻得"泮塘五秀"并迁至泮塘村，恰逢马蹄收获的季节，新鲜的马蹄口感清香甘甜，就储存了很多新鲜的马蹄。但过了不久，这些新鲜的马蹄开始腐烂。有个叫隆坤的人采用焙面法，将马蹄去皮，捣成浆后慢慢烘干成粉。将粉加水煮成糊后分给乡亲们吃，发现口感与新鲜的马蹄一样。因为是用泮塘马蹄制作成的粉，所以被称为泮塘马蹄粉。随后，隆坤在当地开了"泮塘五秀"店，将泮塘马蹄粉和泮塘五秀制品传售于世人
课前学习检测		扫描边栏二维码，进行课前测试
课前思考与疑问		马蹄有哪些食用方法？有哪些食疗价值？

Note

二、实训任务简介

马蹄口感甜脆，营养丰富，含有蛋白质、脂肪、粗纤维、胡萝卜素、B 族维生素、维生素 C、铁、钙、磷等，可烹调，可制淀粉。马蹄吃法多样，我们日常所见的新鲜马蹄可直接生吃（注意卫生），也可榨汁喝，还可以剁碎后作为馅料，也可用马蹄粉做马蹄糕等。本实训任务以掌握马蹄糕制作方法和操作关键为重点，与此同时，也要求能够根据地方特色与不同的客情，进行马蹄糕制作工艺的改良与优化。

三、实训任务目标

❶ **素质目标**　①学习关于马蹄糕的故事，敬仰先辈的同时也要弘扬传统美食。②通过材料的严选、操作的严谨，培养学生一丝不苟的工作态度。

❷ **知识目标**　①了解马蹄所含营养素的功效。②熟悉用马蹄粉调制面团的方法。

❸ **能力目标**　①能够独立完成马蹄糕的制作。②掌握马蹄糕的制作工艺，并进行造型优化创新、成熟工艺创新。

> **随堂讨论：**在传统马蹄糕的基础上，怎么才能调出更漂亮的马蹄糕颜色？

四、实训备料参考

用料参考（建议 2 盒）		用量参考 /g
面团	马蹄粉	100
	白砂糖	100
	水	600
	红心火龙果	少许

五、实训成品特点

成品半透明、可回弹，味道清甜、口感爽滑。

六、实训工艺流程

1. 准备原料。

2. 将马蹄粉倒入水中，搅拌均匀并过筛。

3. 白砂糖倒入锅中加水搅拌，使其溶解。

4. 搅拌后加热使糖水煮沸。

5. 过完筛的马蹄粉水倒入煮沸的糖水中调生熟浆。

6. 将切好的红心火龙果捣汁。

7. 用红心火龙果汁和生熟浆调制粉红色生熟浆。

8. 将生熟浆倒入模具蒸制。

9. 晾凉后脱模，摆盘。

技术要点

☆要选用质量好的马蹄粉，不同品牌的马蹄粉制作的成品口感不同。

☆控制粉浆的熟度。若粉浆过生，淀粉会沉底；若粉浆过熟，则糕面不平整。

☆每次舀浆之前都要搅拌均匀。

☆晾凉后再脱模。

七、实训任务检测与拓展思考

1. 谈谈你从马蹄糕制作过程中得到的职业理想方面的启发。

2. 查阅相关资料，谈谈哪些人群不宜食用马蹄糕？

3. 你知道马蹄糕的其他做法吗？

八、评价指标参考

❶ 过程评价 过程评价参考中式面点师职业技能等级认定评分标准。

项　目		技 术 要 求	分值	得分
职业素养 （20分）	着装规范	穿戴干净整洁的工作服、围裙、厨师帽	10	
	操作卫生	餐具清洁，实训卫生达标，操作台面整洁，工具摆放规范有序	10	
品种要求 （60分）	口味质感	调味得当，口味鲜香，主味突出，无异味	20	
	规格要求	成品表面平整光滑、大小均匀	20	
	成品口感	成品可回弹，味道清甜、口感爽滑	20	
其他要求 （20分）	物料处理	节约原料，物尽其用	10	
	操作时间	在规定的时间内，规范操作，保质保量完成实训操作	10	
➢ 建议采取自评、互评、老师评价方式，并结合行业、企业评价			总分	

❷ 顾客评价 请顾客填写体验评价表。

请选择您的满意指数 （请在 □ 内画 √）	★★★★★ 非常满意	★★★★ 满意	★★★ 一般	★★ 不满意
马蹄糕大小一致、形态美观	□	□	□	□
马蹄糕甜度适中、口感爽滑	□	□	□	□
马蹄糕装盘美观、大方、干净	□	□	□	□
·您是否愿意再次选购此产品？	是 □		否 □	
·您是否愿意把此产品推荐给您的朋友？	是 □		否 □	
·本产品令您最满意的地方				
·本产品您认为不足的地方				
·本产品按照每份4个，您能接受的价格是　8元/份 □　10元/份 □　12元/份 □　16元/份 □				

顾客的意见和建议：

实训任务 6　南瓜饼制作

一、课前学习资源与准备

课前学习目标	1.能够概述南瓜的营养价值。 2.简述关于南瓜的典故	
课前资源推荐	线上课程	1.智慧职教平台《中式面点工艺》。 2.通过视听平台搜索相关视频
	资料查阅	1.选读《像南瓜一样活着》（项丽敏著）。 2.使用万方数据知识服务平台、中国知网等检索相关的关键词，辅助查阅资料
	视听资料	1.观看中央电视台节目《谁知盘中餐》，学习选择南瓜方法。 2.红歌分享：《井冈山下种南瓜》
案例导入	**南 瓜 精 神** 　　南瓜别名番瓜、方瓜、麦瓜、倭瓜、金冬瓜、金瓜等，经过科学家不断地改良，至今共有 5 个栽培种，二十几个非栽培种。南瓜不挑落脚处，不需搭棚，只要给它一些土、一点水、稍微充足的阳光，它就可以健康成长。 　　关于南瓜的典故很多。在中国，几百年前的一位年轻人自家种了很多南瓜，但是卖不了多少。经过几个月的创新研究，终于做成了乡邻都喜爱的南瓜饼，他因此有了自己的事业，并遇见了爱情。红米南瓜饭是健脾益肠、补气补血的健康饮食，但是在井冈山革命时期，它却是红军唯一能够维持生命的主食，每天能分到的量也很少。红军编了一个顺口溜：打倒资本家，天天吃南瓜，井冈山好地方，红米饭南瓜汤，一碗茄子饭精光。有句话是这样说的："如果你觉得苦，想想长征两万五；如果你觉得累，想想革命老前辈。" 　　不难看出，南瓜代表着坚韧不拔、艰苦奋斗、勇闯新路的精神	
课前学习检测	扫描边栏二维码，进行课前测试	
课前思考与疑问	南瓜的可用部位有哪些？有哪些食疗价值？	

Note

二、实训任务简介

南瓜富含膳食纤维，可促进肠胃蠕动，助消化。《本草纲目》记载，南瓜藤有清热的作用，瓜蒂有安胎的功效，根治牙痛。南瓜可用于做多种食物和保健品，经济效益高，是农户种植比较普遍的经济作物之一。南瓜吃法很多，我们常见的有南瓜饼、南瓜丸子、南瓜蒸饺、南瓜粥等。本实训任务以掌握南瓜饼制作方法和操作关键为重点，与此同时，也要求能够根据地方特色与不同的客情，进行面皮与馅心工艺的优化。

三、实训任务目标

❶ **素质目标** ①学习井冈山革命中关于南瓜的故事，敬仰先辈的同时也要传承他们的精神。②通过材料的严选、操作的严谨，培养学生一丝不苟的工作态度。

❷ **知识目标** ①了解南瓜所含叶黄素的功能。②熟悉果蔬类原料调制果蔬面团的方法。

❸ **能力目标** ①能够独立完成南瓜饼的制作。②掌握炸制南瓜饼的工艺，并进行造型优化创新、成熟工艺创新。

> 随堂讨论：蒸制南瓜饼和炸制南瓜饼的制作工艺有何异同？

四、实训备料参考

用料参考（建议 16～20 个）		用量参考 /g
面团	南瓜泥	300
	澄粉	80
	糯米粉	250
	白砂糖	100
裹料	面包糠或脱皮白芝麻、莲蓉	适量

五、实训成品特点

成品色泽金黄，外酥脆、内细软，甜糯而不粘牙，南瓜香味醇厚。

六、实训工艺流程

1. 准备原料。

2. 将南瓜去皮切成块状，蒸熟，加入白砂糖搅拌成泥状。

3. 将南瓜泥倒入混合粉料（糯米粉和澄粉）中。

4. 搅拌均匀，和至不粘手。

5. 揉搓成面团，静置。

6. 搓成长条。

7. 下剂，每个剂子约重 30 g。

8. 取剂子在掌心搓揉成球状。

9. 将球状生坯放在手心按压，使其成为 6 mm 厚的饼状。

10. 饼状生坯裹上面包糠，喷水后再裹一次面包糠。

11. 油温四成热时进行炸制，炸至两面金黄。

12. 将炸好的南瓜饼放在吸油纸上，稍后摆盘。

技术要点

☆要选用质量好的南瓜，水分和甜度适中者为好。

☆蒸制南瓜的时候要盖上盖碗或者保鲜膜，以保持南瓜原有的香气，也避免南瓜吸收太多水蒸气，出现大量"吃粉"的现象而影响口感。

☆趁南瓜泥热的时候倒入粉料，搅拌均匀。

☆炸制过程一定要控制好油温，以防外焦内不熟。

☆炸制的过程中要适当压一下南瓜饼，从而达到中空的效果。

课后测试

七、实训任务检测与拓展思考

1. 谈谈你从井冈山革命精神中得到的职业理想方面的启发。
2. 查阅相关资料，分析患有脚气、黄疸、气滞湿阻病者能否正常食用南瓜？
3. 炸制南瓜饼和蒸制南瓜饼的工艺有什么不同？

八、评价指标参考

❶ **过程评价**　过程评价参考中式面点师职业技能等级认定评分标准。

项　　目		技　术　要　求	分值	得分
职业素养（20分）	着装规范	穿戴干净整洁的工作服、围裙、厨师帽	10	
	操作卫生	餐具清洁，实训卫生达标，操作台面整洁，工具摆放规范有序	10	
品种要求（60分）	口味质感	调味得当，口味鲜香，主味突出，无异味	20	
	规格要求	南瓜饼生坯大小均匀，面包糠裹得均匀	20	
	成品口感	成品外酥脆、内细软、甜糯而不粘牙	20	
其他要求（20分）	物料处理	节约原料，物尽其用	10	
	操作时间	在规定的时间内，规范操作，保质保量完成实训操作	10	
➢ 建议采取自评、互评、老师评价方式，并结合行业、企业评价			总分	

❷ **顾客评价**　请顾客填写体验评价表。

请选择您的满意指数（请在 □ 内画 √）	★★★★★ 非常满意	★★★★ 满意	★★★ 一般	★★ 不满意
南瓜饼大小一致、形态美观	□	□	□	□
南瓜饼面包糠裹得均匀	□	□	□	□
南瓜饼甜度适中、外酥脆、内细软、甜糯而不粘牙	□	□	□	□
南瓜饼装盘美观、大方、干净	□	□	□	□
·您是否愿意再次选购此产品？	是 □		否 □	
·您是否愿意把此产品推荐给您的朋友？	是 □		否 □	
·本产品令您最满意的地方				
·本产品您认为不足的地方				
·本产品按照每份8个，您能接受的价格是　8元/份 □　10元/份 □　12元/份 □　16元/份 □				

顾客的意见和建议：

实训任务 7 福州肉燕制作

一、课前学习资源与准备

课前学习目标	1. 能够简要叙述福州肉燕形态与扁食的不同。 2. 了解肉燕的发展历史。 3. 能够讲解肉燕的寓意	
课前资源推荐	线上课程	1. 智慧职教平台《中式面点工艺》。 2. 通过视听平台搜索相关视频
	资料查阅	1. 选读《饮食男女在福州》（郁达夫）。 2. 使用万方数据知识服务平台、中国知网等检索相关的关键词，辅助查阅资料
	视听资料	观看电视节目《味道中国》，了解肉燕背后的故事
案例导入	<div align="center">**隐于古街坊巷的百年老字号**</div>肉燕又称太平燕，是福建福州的一道特有的传统小吃。因为具有丰富的文化内涵，福州人对于肉燕有着割舍不断的百年情缘。在福州话里，鸭蛋与"压乱"谐音，肉燕与鸭蛋共煮寓意太平。因此，在福州民俗中，逢年过节，婚丧喜庆，必吃太平燕，就是取其平安、吉祥之意，所以"无燕不成宴，无燕不成年"。 　　"肉燕上桌之前要鸣放鞭炮，就是把一家人祈求吉祥、团圆、平安这个愿望融在这道菜里面。一家人围坐在一起，有福之州吃太平宴，享全家福，也是我们几百年来的民情民俗。"福州百年老铺"同利肉燕"的掌门人陈君凡，与往常一样早早来到店里，并向记者述说这百年肉燕的故事。在这家位于福州南后街澳门路口的小小老铺前，前来购买肉燕的客人络绎不绝。这家创始于清代光绪年间的老铺，历经百年，传至陈君凡，已经是第四代。 　　"制作肉燕最关键的是根据不同的气候（热、冷、潮湿）及肉的质量来敲打。快的时候非常快，慢的时候又很舒缓，像小夜曲"。说起肉燕制作技艺，12岁就入行跟在父亲身边学习肉燕制作技艺的陈君凡告诉我们，能否做成薄如宣纸的燕皮，全凭师傅对天气、温度、湿度以及肉质的判断。手工打了50年，陈君凡那双厚大的手早已布满老茧。在经验老道的陈君凡看来，"肉包肉"的肉燕制作不仅是一项体力活，更是一项技艺绝活，要讲究心力合一	
课前学习检测	扫描边栏二维码，进行课前测试	
课前思考与疑问	肉燕由哪些原料制作而成？包含哪些营养成分？	

教学资源

课前测试

Note

二、实训任务简介

《清稗类钞》记载，"肉燕者，闽人特殊之肴也。"肉燕又称太平燕，是福建福州市的一道传统小吃，是福州风俗中的喜庆名菜。本实训任务以掌握肉燕制作方法和操作关键为重点，与此同时，要求学生能够根据地方特色与不同的客情，进行肉燕皮与馅料工艺的优化。

三、实训任务目标

❶ **素质目标**　①了解同利肉燕百年老铺历史，体会非物质文化遗产蕴涵的优秀文化及其传承责任。②通过材料的严选、操作的严谨、传承人的介绍，培养对文化传承的责任感。

❷ **知识目标**　①了解福州肉燕的历史渊源。②熟悉利用肉蓉类原料调制肉蓉类面团的方法。

❸ **能力目标**　①能够独立完成肉燕的制作。②掌握肉燕的制作工艺，并能进行造型优化创新、成熟工艺创新。

> **随堂讨论：**你还知道肉蓉类面团的其他产品吗？

四、实训备料参考

用料参考（建议 20 ～ 25 个）		用量参考 /g
肉燕皮	猪后腿瘦肉	50
	番薯淀粉	50
	植物灰碱	0.5
馅料	猪肉	200
	虾仁	50
	马蹄或藕	50
	小葱	20
	老抽、盐	3、3
	生抽、白砂糖	5、5
	味精	1

五、实训成品特点

肉燕皮薄如纸张、其色似玉，肉燕色泽晶莹、口感软嫩、韧而有劲。

六、实训工艺流程

1. 准备猪后腿瘦肉。
2. 用荔枝锤将瘦肉捶打成肉泥。
3. 捶打好的肉泥，放在番薯淀粉中。
4. 滚动、按压肉泥。
5. 用擀面杖将肉泥擀薄，擀至像纸一样薄。

6. 将肉燕皮切成 8 cm 大小的方块，将切好的肉燕皮摆放整齐。
7. 准备好馅料，用筷子挑一点馅料放在肉燕皮中心，用大拇指和食指捏出燕尾状。
8 ～ 9. 水开后下锅煮制，熟后装盘。

技术要点

☆ 要选用质量好的猪后腿瘦肉。

☆ 捶打猪肉时要用手感觉，控制捶打力度和时间，经验很重要。

☆ 擀皮时要控制好力度，擀至纸张厚。

七、实训任务检测与拓展思考

1. 谈谈你从陈君凡、陈燕君父女身上得到的职业理想方面的启发。

2. 查阅相关资料，说说肉蓉类面团制品有哪些特点。

八、评价指标参考

❶ **过程评价** 过程评价参考中式面点师职业技能等级认定评分标准。

项 目		技 术 要 求	分值	得分
职业素养 （20分）	着装规范	穿戴干净整洁的工作服、围裙、厨师帽	10	
	操作卫生	餐具清洁，实训卫生达标，操作台面整洁，工具摆放规范有序	10	
品种要求 （60分）	口味质感	调味得当，口味鲜香，主味突出，无异味	20	
	规格要求	肉燕皮薄如纸张，形状美观	20	
	成品口感	色泽晶莹、口感软嫩、韧而有劲	20	
其他要求 （20分）	物料处理	节约原料，物尽其用	10	
	操作时间	在规定的时间内，规范操作，保质保量完成实训操作	10	
➤ 建议采取自评、互评、老师评价方式，并结合行业、企业评价			总分	

❷ **顾客评价** 请顾客填写体验评价表。

请选择您的满意指数 （请在 □ 内画 √）	★★★★★ 非常满意	★★★★ 满意	★★★ 一般	★★ 不满意
肉燕大小一致、形态美观	□	□	□	□
肉燕皮薄如纸张	□	□	□	□
肉燕色泽晶莹、口感软嫩、韧而有劲	□	□	□	□
肉燕装盘美观、大方、干净	□	□	□	□
·您是否愿意再次选购此产品？	是 □		否 □	
·您是否愿意把此产品推荐给您的朋友？	是 □		否 □	
·本产品令您最满意的地方				
·本产品您认为不足的地方				
·本产品按照每份8个，您能接受的价格是　8元/份 □　　10元/份 □　　12元/份 □　　16元/份 □				
顾客的意见和建议：				

课后测试

Note

项目六
创新面点品种实训

一、总体实训目标

（一）素质目标

（1）树立传统饮食文化自信，具有职业理想。

（2）具备信息化素养和与时俱进的创新意识。

（二）知识目标

（1）了解现代创新面点的发展理念。

（2）熟悉创新面点的工艺流程。

（三）能力目标

能够制作常见创新面点。

二、实训项目概览

创新面点是指在面点生产制作中，采用新原料、新造型、新思维等对传统产品进行优化与改良而产生的新品种。面点创新包括皮料创新、馅料创新、造型创新。

类　别	特　　点	代 表 品 种	备　注
皮料创新	具有丰富色彩和风味特色	黑茶酥	新原料
馅料创新	具有口味多样、菜点结合、品种繁多的特点	梅菜扣肉包	菜点结合
造型创新	具有造型美观、工艺复杂、寓意美好和档次高端的特点	松鼠酥	新造型

三、项目素质目标一览表

序 号	品 种	关键素质目标	关键词与句
1	黑茶酥制作	创新意识	既要重视成功，更要宽容失败
2	梅菜扣肉包制作	沟通能力 团队意识	互融互通，不拘一格促创新
3	松鼠酥制作	创新意识	创新是企业发展的动力

四、实训任务一览表

类 别	实 训 内 容	适应职业技能等级考核	适合技能竞赛
皮料创新	黑茶酥制作	初 / 中 / 高	
馅料创新	梅菜扣肉包制作	初 / 中 / 高	√
造型创新	松鼠酥制作	初 / 中 / 高	√

实训任务 1　黑茶酥制作

一、课前学习资源与准备

课前学习目标		1. 了解安化黑茶的历史和凤梨酥的基础知识。 2. 熟悉混酥类制品的制作要求。 3. 了解黑茶酥的相关知识，探寻中式面点的传承理念与创新意识，适时推广
课前资源推荐	线上课程	1. 智慧职教平台《中式面点工艺》。 2. 智慧树平台《中式面点制作工艺》
	资料查阅	1. 选读《酥点大全》（刘顺保、方志荣、龙业林主编）。 2. 复习项目三关于混酥的相关内容
	视听资料	1. 在网上查找有关安化黑茶的历史和原料知识及中式糕点守正创新的相关视频。 2. 通过视听平台搜索相关视频
案例导入		**既要重视成功，更要宽容失败** 　　钱学森在论述科学发展规律时说："正确的结果，是从大量错误中得出来的，没有大量错误作台阶，也就登不上最后正确结果的高座。"创新需要有包容的制度、文化和环境做保障。创新是一种探索性的实践，充满艰难和风险，创新需要理解和支持，更需要宽容失败。宽容失败，是对创新最重要的激励和支持。宽容失败，才能激励人脚踏实地，跌倒了再爬起，朝着目标再努力、再拼搏。倘若一遇到失败，就气急败坏地横加指责甚至打击，只会令人心灰意冷，让人因循守旧，裹足不前，甚至不择手段投机取巧。允许失败，宽容失败，才能在全社会倡导一种锐意创新、勇担风险的风气，才能提供一种开放包容的精神，才能营造一种远离浮躁、踏实创新的氛围。 　　当然，宽容失败并非无原则纵容失败，更不是鼓励随随便便失败。失败背后的创新，应该是遵循客观规律，付出了艰苦劳动，留下了经验教训，而不是不负责任、无目标的行为。宽容失败，就是要激发人们的挑战精神和战胜各种困难的勇气，把失败变作铺路石，永葆创新的激情，向科学高峰不懈攀登，最终走向成功
课前学习检测		扫描边栏二维码，进行课前测试
课前思考与疑问		

教学资源

课前测试

二、实训任务简介

黑茶酥是在湖南长沙的一道传统点心基础上添加新的原料制作而成的点心。它取自凤梨酥的经典制作方法，配以安化黑茶，一经推出，便被争相购买，不仅具有良好的口味口感，而且有经典的黑色色泽，还有黑茶的香味与营养，体现了传统而不守旧，创新却不忘本的理念。由于刚起步，产量有限，黑茶酥被争相研制与创新。

三、实训任务目标

❶ **素质目标** ①通过学习黑茶和凤梨酥的基础知识，树立饮食文化自信。②通过品种改良设计，培养创新意识。

❷ **知识目标** ①了解黑茶酥的历史和凤梨酥的基础理论。②熟悉混酥面团的制作工艺。

❸ **能力目标** ①根据油酥的制作工艺，结合实际产品的特色要求，制作一款合格产品。②能够根据地方特色，运用所学知识，传承与创新出更多类似产品。

> **随堂讨论：** 蒋老师在制作黑茶酥时，准备了两份原料，邀请一位同学上台操作。一份使用的是黑茶水，另一份使用的是黑茶粉。请问他该如何选择？两份都能成功吗？为什么？

四、实训备料参考

用料参考（建议 20 个）		用量参考 /g
面团	黄油	150
	糖粉	24
	奶粉	24
	杏仁粉	12
	鸡蛋	36
	低筋面粉	165
	安化黑茶粉	30
馅料	菠萝肉	500
	冰糖	50
	麦芽糖	32

五、实训成品特点

成品色泽如墨、酥松香甜、果味浓郁、茶香淡雅。

六、实训工艺流程

1. 凤梨馅的制作参照项目三实训任务 1 凤梨酥制作。

2. 黄油中分次加入鸡蛋搅打至均匀，再加入糖粉打至发白。

3. 加入奶粉、杏仁粉、低筋面粉和安化黑茶粉，分成 20 g 一个的剂子。

4. 将馅料分为每份 15 g。

5. 剂子中包入馅料，放入模具中，压平。

6. 上火 180 ℃、下火 190 ℃，烤制 20 min 后装盘。

研发新品种

举一反三，在暗酥和明酥传统点心中研发黑茶系列产品。

七、实训任务检测与拓展思考

1. 通过在湖南乃至全国选择原料，我们还能创新出哪些新型产品并形成特色？

2. 除了通过原料进行产品创新，我们还能通过哪些其他途径对传统产品进行改良与创新？

3. 分析思考，黑茶酥的流行对于其他产品有何借鉴之处？

课后测试

Note

八、评价指标参考

❶ 过程评价 过程评价参考《全国职业院校技能大赛赛项规程》烹饪赛项规程（GZ082）。

项　目		技　术　要　求	分值	得分
职业素养 （20分）	着装规范	穿戴干净整洁的工作服、围裙、厨师帽	10	
	操作卫生	实训卫生达标，操作台面整洁，工具摆放规范有序	10	
品种要求 （60分）	口味质感	茶香淡雅，口味酸甜，主味突出，无异味	20	
	规格要求	色泽如墨、大小均匀	20	
	成品口感	成品皮馅适中，酥松香甜	20	
其他要求 （20分）	物料处理	节约原料，物尽其用	10	
	操作时间	在规定的时间内，规范操作，保质保量完成实训操作	10	
➤ 建议采取自评、互评、老师评价方式，并结合行业、企业评价			总分	

❷ 顾客评价 请顾客填写体验评价表。

请选择您的满意指数 （请在 □ 内画 √）	★★★★★ 非常满意	★★★★ 满意	★★★ 一般	★★ 不满意
黑茶酥色泽如墨、大小均匀	□	□	□	□
黑茶酥皮馅适中，酥松香甜	□	□	□	□
黑茶酥茶香淡雅，口味酸甜，主味突出，无异味	□	□	□	□
黑茶酥装盘美观、大方、干净	□	□	□	□
·您是否愿意再次选购此产品？	是 □		否 □	
·您是否愿意把此产品推荐给您的朋友？	是 □		否 □	
·本产品令您满意的地方				
·本产品您认为不足的地方				
·本产品按照每份 10 个，您能接受的价格是	18元/份 □	28元/份 □	38元/份 □	48元/份 □
顾客的意见和建议：				

Note

实训任务 2　梅菜扣肉包制作

一、课前学习资源与准备

课前学习目标		1. 了解梅菜扣肉的历史典故。 2. 熟悉梅菜扣肉的工艺要求。 3. 能够将梅菜扣肉制成馅心，探寻将热菜菜肴研制成馅心的原理和方法，适时推广
课前资源推荐	线上课程	1. 智慧职教平台《中式烹调工艺》。 2. 智慧树平台《中式面点制作工艺》
	资料查阅	1. 选读《湘菜集锦》（石荫祥）。 2. 复习项目二关于生物膨松面团和馅心制作的相关内容
	视听资料	1. 在网上查找梅菜扣肉的历史典故和工艺要求的相关视频。 2. 通过视听平台搜索生物膨松面团和馅心调制要求的相关视频
案例导入		**互融互通，不拘一格促创新** 　　无点不成席，凡菜皆可点。菜肴和面点是中国烹饪的两大部分，一般都分得很清，菜肴一般是以烹调为主，而面点一般是以调制面团为主。千百年来，一般不主动相融，但也有极少数菜点结合面点，如地锅鸡配面馍、薄饼包烤鸭等。但是如果能将二者相互融通，那么创新品种应运而生。其中，选择能形成馅心的热菜制成面点最早出现，因为难度相对较小，并且能短时间内丰富面点品种，这体现了"互融互通，不拘一格促创新"的理念，面点师们勇于在创新创造上走在前列，努力在高质量发展中不断创新形态，这将会激发全社会创新的巨大潜能
课前学习检测		扫描边栏二维码，进行课前测试
课前思考与疑问		

Note

二、实训任务简介

　　有家连锁包子铺，为了保持竞争力，他们时刻对包子进行改良与创新。这家连锁包子铺把重点放在馅心的开发上，认为无点不成席、凡菜皆可点，因此不断推陈出新。这次，该包子铺的研发中心接到了新任务，将湖南传统名菜梅菜扣肉研制成馅心，打算在下个月将新品种投入市场。研发中心将加班加点研究开发，按时按质完成任务。

三、实训任务目标

　　❶ **素质目标**　①通过学习名菜名点，树立传统饮食文化自信。②通过馅心改良，培养创新意识。

　　❷ **知识目标**　①了解梅菜扣肉的历史文化。②熟悉生物膨松面团的制作工艺。

　　❸ **能力目标**　①根据发酵面坯的制作工艺和菜肴制作技术，结合实际产品的特色要求，制作一款合格产品。②能够根据地方特色，运用所学知识，传承与创新出更多的类似产品。

> **随堂讨论：** 蒋老师在制作梅菜扣肉包时，直接将热菜成品梅菜扣肉作为馅心进行包制，蒸出来分给同学们品尝。请问这样制作出来的梅菜扣肉包好吃吗？该如何进行改良？为什么？

四、实训备料参考

用料参考（建议12个）		用量参考	用料参考（建议12个）		用量参考
面团	面粉	500 g	馅料	生姜	适量
	泡打粉	7 g		香料	适量
	酵母	5 g		葱	适量
	白砂糖	40 g		啤酒	适量
	水	260 g		白砂糖	适量
馅料	五花肉	一方块（大概300 g）		白胡椒粉	适量
	梅干菜	100 g		芝麻油	适量
	老抽	适量		淀粉	适量
	生抽	适量		高汤	适量

五、实训成品特点

成品色白如雪、松软鲜美、肉烂味香、肥而不腻。

六、实训工艺流程

1. 五花肉洗净，放入生姜等略煮。煮后在表皮上扎小洞，四周抹上老抽，腌制 10 min，晾干表皮。

2. 梅干菜浸泡后洗净杂质，剁碎后用油炒香。

3. 锅内放油，将五花肉皮朝下，煎至表皮起泡，取出晾凉。用刀将五花肉切成薄片，放入碗中，加入炒香的梅干菜，用高压锅压制 40～50 min，取出晾凉。

4. 将蒸烂的梅菜扣肉剁碎，放入有热油的锅内炒制，淋上湿淀粉，收稠，即成馅心。

5. 在案板上调制发酵面坯，搓条、下剂、擀皮，用 60 g 面皮包入 30 g 馅心，醒发。

6. 旺火足汽蒸制 15 min 后出笼装盘。

> **研发新品种**
> 举一反三，选取各地传统名菜研发面点馅心系列产品。

七、实训任务检测与拓展思考

1. 联系实际，分析一下哪些热菜菜肴可经改良在面点中作为馅心使用？

2. 在日常生产中，如何优化操作工艺以提高热菜菜肴成馅概率？

3. 除了热菜菜肴可经改良成为面点馅心外，还有什么经验也可以借鉴到面点馅心中来？

课后测试

八、评价指标参考

❶ 过程评价　过程评价参考《全国职业院校技能大赛赛项规程》烹饪赛项规程（GZ082）。

项　　目		技　术　要　求	分值	得分
职业素养 （20分）	着装规范	穿戴干净整洁的工作服、围裙、厨师帽	10	
	操作卫生	实训卫生达标，操作台面整洁，工具摆放规范有序	10	
品种要求 （60分）	口味质感	鲜香可口，主味突出，无异味	20	
	规格要求	色白如雪、馅心油润、大小均匀	20	
	成品口感	成品皮馅适中，暄软适口，肉烂味香	20	
其他要求 （20分）	物料处理	节约原料，物尽其用	10	
	操作时间	在规定的时间内，规范操作，保质保量完成实训操作	10	
➤ 建议采取自评、互评、老师评价方式，并结合行业、企业评价			总分	

❷ 顾客评价　请顾客填写体验评价表。

请选择您的满意指数 （请在 □ 内画 √）	★★★★★	★★★★	★★★	★★
	非常满意	满意	一般	不满意
梅菜扣肉包色白如雪，馅心油润，大小均匀	□	□	□	□
梅菜扣肉包皮馅适中，暄软适口，肉烂味香	□	□	□	□
梅菜扣肉包鲜香可口，主味突出，无异味	□	□	□	□
梅菜扣肉包装盘美观、大方、干净	□	□	□	□
·您是否愿意再次选购此产品？	是 □		否 □	
·您是否愿意把此产品推荐给您的朋友？	是 □		否 □	
·本产品令您满意的地方				
·本产品您认为不足的地方				
·本产品按照每份8个，您能接受的价格是	16元/份 □	24元/份 □	32元/份 □	40元/份 □

顾客的意见和建议：

Note

实训任务 3　松鼠酥制作

一、课前学习资源与准备

课前学习目标	1. 了解松鼠酥的形态特征和明酥的基础知识。 2. 熟悉直酥类制品的制作要求。 3. 了解松鼠酥的相关知识，探寻中式面点的传承理念与创新意识，适时推广	
课前资源推荐	线上课程	1. 智慧职教平台《中式面点工艺》。 2. 智慧树平台《中式面点制作工艺》
	资料查阅	1. 选读《酥点大全》（刘顺保、方志荣、龙业林主编）。 2. 复习项目三关于明酥的内容
	视听资料	1. 在网上查找松鼠的形态特点和直酥类制品的原料知识与制作方法以及中式糕点守正创新的相关视频。 2. 通过视听平台搜索相关视频
案例导入	**创新是企业发展的动力** 　　坐落在西南地区的一家酒楼在餐饮界知名度很高，开业后的两年里，创造了很高的市场业绩。两年来不管中午和晚上，店门前总是车水马龙，10 多名保安忙碌地指挥着顾客泊车，有时只能将车辆停放在绵延 500 多米长的马路边。店门内外候座的顾客很多，专门有工作人员向候座的顾客发放号签并依次喊号入座。餐厅平均每天要翻三至五次台，这真是业界不多见的盛况。 　　该酒楼如此受欢迎的原因之一是其不断创新菜品，并吸取了各类菜系的长处，创造出让人耳目一新的菜品，使该酒楼持续受欢迎	
课前学习检测	扫描边栏二维码，进行课前测试	
课前思考与疑问		

二、实训任务简介

松鼠酥是近年来各级各类技能比赛上的创新产品，其形态活泼可爱、技术难度较大，尤其是松鼠酥的尾巴融入了中式烹饪中的刀工——剞，这就要求中式面点师除熟练掌握各种面点技法外，还要掌握各类刀工技法。松鼠酥是一种造型的创新，也体现了新时代对中式面点师更高的要求。

三、实训任务目标

❶ **素质目标**　①通过学习直酥知识，树立饮食文化自信。②通过品种造型的改良设计，培养创新意识。

❷ **知识目标**　①了解直酥的历史文化与基础理论，熟悉松鼠酥的形态特征。②熟悉直酥面团的制作工艺。

❸ **能力目标**　①根据油酥的制作工艺，结合实际产品的特色要求，制作一款合格产品。②能够根据地方特色，运用所学知识，传承与创新出更多类似产品。

> **随堂讨论：** 蒋老师在制作松鼠酥时，是将接口放在前面还是后面？为什么这样设计与制作？有什么优点？

四、实训备料参考

	用料参考（建议 20 个）	用量参考 /g
面团	中筋面粉（水油皮面团）	300
	水	180
	猪油（水油皮面团）	25
	低筋面粉（干油酥面团）	200
	猪油（干油酥面团）	180
馅料	莲蓉	200
	花椒籽	20

五、实训成品特点

成品形态逼真、惟妙惟肖、层次清晰、莲香味甜。

六、实训工艺流程

1. 水油皮包上干油酥。

2. 两次三折进行开酥。

3. 擀至厚度大约 6 cm 即可，用刀切成宽 5 cm 左右的薄片，刷上蛋清，并逐片叠起，包上保鲜膜，放入冰箱冷冻 15 min。

4. 将莲蓉揉成圆柱状待用。

5～7. 用刀切出厚片，并剖上花刀，包入莲蓉，分别做成松鼠的尾巴、身体和头部。

8. 松鼠头部粘上花椒籽，并将松鼠的身体和尾巴刷上蛋清，进行拼装。

9. 将松鼠生坯放入 120 ℃的油中进行油炸，炸至成熟捞出，沥干油，装盘即可。

➡ 研发新品种

举一反三，用直酥的开酥方法再研发其他造型的品种。

七、实训任务检测与拓展思考

1. 通过在湖南乃至全国各地选料，我们还能创造出哪些新型产品并形成特色？

2. 除了通过造型创新研制产品，我们还能通过什么途径对传统产品进行改良与创新？

3. 分析思考，松鼠酥对于其他产品的创新有何借鉴之处？

课后测试

八、评价指标参考

❶ 过程评价　过程评价参考《全国职业院校技能大赛赛项规程》烹饪赛项规程（GZ082）。

项　　目		技　术　要　求	分值	得分
职业素养 （20分）	着装规范	穿戴干净整洁的工作服、围裙、厨师帽	10	
	操作卫生	实训卫生达标，操作台面整洁，工具摆放规范有序	10	
品种要求 （60分）	口味质感	莲香味甜，主味突出，无异味	20	
	规格要求	形态逼真、惟妙惟肖、层次清晰、大小均匀	20	
	成品口感	成品皮馅适中，香甜酥脆	20	
其他要求 （20分）	物料处理	节约原料，物尽其用	10	
	操作时间	在规定的时间内，规范操作，保质保量完成实训操作	10	
➤ 建议采取自评、互评、老师评价方式，并结合行业、企业评价			总分	

❷ 顾客评价　请顾客填写体验评价表。

请选择您的满意指数 （请在 □ 内画 √）	★★★★★ 非常满意	★★★★ 满意	★★★ 一般	★★ 不满意
松鼠酥层次清晰、大小均匀	□	□	□	□
松鼠酥皮馅适中，香甜酥脆	□	□	□	□
松鼠酥莲香味甜，主味突出，无异味	□	□	□	□
松鼠酥装盘美观、大方、干净	□	□	□	□
·您是否愿意再次选购此产品？	是 □		否 □	
·您是否愿意把此产品推荐给您的朋友？	是 □		否 □	
·本产品令您满意的地方				
·本产品您认为不足的地方				
·本产品按照每份 8 个，您能接受的价格是	24 元/份 □　32 元/份 □　40 元/份 □　48 元/份 □			

顾客的意见和建议：

实训报告

姓名		班级		实训品种	

实训原料

工艺流程

操作关键

成品特点

实训反思

[1] 蒋彦 . 湘式面点制作 [M]. 北京 : 电子工业出版社，2022.

[2] 何秀满，蒋彦，向军 . 湘式风味小吃 [M]. 北京 : 电子工业出版社，2021.

[3] 钟志惠，陈迤 . 中式面点工艺与实训 [M]. 北京 : 高等教育出版社，2015.

[4] 杨存根 . 中式面点制作 [M]. 北京 : 北京师范大学出版社，2014.

[5] 王美 . 中式面点实训教程 [M]. 北京 : 清华大学出版社，2011.

[6] 张丽 . 中式面点基础 [M].2 版 . 南京 : 江苏教育出版社，2015.

[7] 阎红 . 烹饪原料学 [M]. 北京 : 旅游教育出版社，2008.

[8] 阎喜霜 . 烹调原理 [M]. 北京 : 中国轻工业出版社，2000.

[9] 谢定源，周三保 . 中国名点 [M]. 北京 : 中国轻工业出版社，2000.

[10] 中华人民共和国劳动和社会保障部 . 中式面点师国家职业技能标准 [M]. 北京 : 中国劳动社会
     保障出版社，2010.

[11] 邵万宽 . 菜点开发与创新 [M]. 沈阳 : 辽宁科学技术出版社，1999.

[12] 钟志惠 . 面点制作工艺 [M]. 南京 : 东南大学出版社，2007.

[13] 周文涌，竺明霞 . 面点技艺实训精解 [M]. 北京 : 高等教育出版社，2009.

[14] 茅建民 . 面点工艺教程 [M]. 北京 : 中国轻工业出版社，2009.

[15] 祁可斌 . 中式面点师 (高级) 考前辅导 [M] 北京 : 机械工业出版社，2011.

[16] 薛党辰 . 烹饪基本功训练教程 [M]. 北京 : 中国纺织出版社，2020.

华中科技大学出版社
http://press.hust.edu.cn

华中科技大学出版社
http://press.hust.edu.cn